KB052696

나도 모르게 쓰는
차별의 언어

왜요,
그 말이
어때서요?

왜요, 그 말이 어때서요?

나도 모르게 쓰는 차별의 언어

초판 1쇄 펴낸날   2019년 10월 2일
초판 15쇄 펴낸날   2024년 9월 20일

지은이 김청연
펴낸이 이건복
펴낸곳 도서출판 동녘

편집 이정신 이지원 김혜윤 홍주은
디자인 김태호
마케팅 임세현
관리 서숙희 이주원

만든 사람들
편집 구형민   **디자인** 스튜디오 헤이,덕

인쇄·제본 영신사   **라미네이팅** 북웨어   **종이** 한서지업사

등록 제311-1980-01호 1980년 3월 25일
주소 (10881) 경기도 파주시 회동길 77-26
전화 영업 031-955-3000 편집 031-955-3005 **팩스** 031-955-3009
홈페이지 www.dongnyok.com **전자우편** editor@dongnyok.com
페이스북·인스타그램 @dongnyokpub

ⓒ김청연, 2019
ISBN 978-89-7297-946-3 (43710)

나도 모르게 쓰는
차별의 언어

왜요,
그 말이
어때서요?

김청연 지음

동녘

스무 살이 되던 해였어. 중학교 동창이랑 영화를 보러 극장에 갔다가 그곳에서 우연히 대학에 다니면서 알게 된 지인들을 만났어. 영화 끝나고 자연스럽게 함께 저녁 식사 자리를 가졌지. 밥을 먹는 중에 한 대학생 선배가 내 친구를 향해 이렇게 물었어.

"넌 어느 학교 다녀? 학번은?"

나는 순간 엄청 당황했어. 왜 그랬냐고?

내 친구 자영이는 그때 상업계 고등학교를 졸업하고 은행 취업을 준비하고 있었거든. 공부를 꽤 잘하는 친구였는데 대학에 진학하기보다는 금융 분야로 취업을 하는 게 이 친구의 목표였지. 순간 고민이 됐어. 내 친구는 이런 사람이고, 이런 꿈을 꾸고 있어서 대학에 가지 않았다고 사람들 앞에서 구구절절 설명을 다 해야 하는 건가 싶어서.

"어? 자영이는 회사 다니려고 준비하고 있어."

그냥 이렇게 간단히 말하고 넘겨 버렸어. 그날 집으로 돌아가는 길, 친구 얼굴은 어두웠어.

"대학에 다니는 친구들하고 있을 땐 나 부르지 말아 줘."

친구의 말에 난 본의 아니게 미안한 마음이 들었어.
이 일을 한동안 잊고 지냈던 것 같아. 그러다 사회에 나와서 그때 그 일을 다시 떠올려 보게 된 계기가 있었지. 교육 매체의 취재 기자로 일하면서 "무슨 대학, 몇 학번이세요?"라고 취재원에게 질문한 적이 있었어. 취재원에 대한 기본적인 정보를 얻어야 한다는 생각에 그랬던 거였지.
그런데 상대방 쪽에서 "그게 그렇게 중요한가요?"라는 예상치 못한 반문을 하더라고. 순간, 오래전 자영이한테 미안해했던 그날의 기억이 떠올랐어.

한번 생각해 봤어. 사람들이 상대방의 출신 대학에 대해 묻는 이유는 뭘까? 아마도 우리나라 성인들 대다수가 대학을 졸업했다고 하니 상대방도 대학을 나왔을 거라는 기본적인 인식이 깔려 있는 게 아닐까 싶어. 그런데 2019년 통계청과 여성가족부가 발표한 자료를 기준으로 보면, 2018년 우리나라 고등학교 졸업자의 대학 진학률은 69.7퍼센트야. 열 명 중 약 세 명은 대학에 가지 않는다는 거지. 출신 대학을 묻는 질문에 답할 수 없는 사람이 열 명 중 세 명이나 된다는 이야기야.

또 다른 궁금증이 이어졌어. 그럼 학번은 왜 물어볼까?

대학에 다닌 사람들끼리 서로 나이가 궁금하긴 한데 대놓고 "몇 살이세요?"라고 물어보기 어려우니까 에둘러서 하는 질문이 아닐까 싶어. 그런데 학번을 안다고 해서 그 사람의 나이까지 제대로 파악할 수 있는 건 아니야. 재수나 삼수를 해서 대학에 간 사람들도 많거든. 아니면 '선취업 후진학'이라고 해서 취업을 먼저 했다가 뒤늦게 대학에 진학한 사람도 있을 수 있지.

이번엔 대답하는 사람 입장에서 생각해 보자.

"재수해서 ○○학번입니다."라고 답하면 될까? 이렇게 사족을 붙여야 하는 상황이 과연 유쾌할까? 나이가 정말 궁금하면 차라리 솔직하게 묻는 게 나을 수도 있어. "실례지만 나이가 어떻게 되세요?"라고 말이야.

사실 학교나 학번을 묻는 것 자체가 비난을 받을 정도로 나쁜 행동은 아닐 거야. 이런 질문을 하는 사람들 대다수가 악의적인 의도가 있다기보다는 아마도 무의식중에 이런 질문을 했겠지. 앞에서 말했듯이 많은 사람들이 대학에 가니까. 아니면 정말로 나이와 학교가 궁금해서 물어봤을 수도 있고.

다만, 내 친구 자영이 일화를 통해 다들 한 번쯤 생각해 보면 좋겠어. 깊이 생각하지 않고, 나도 모르게 습관적으로 쓰는 말이 누군가를 불편하게 하거나 누군가의 마음에 상처를 줄 수도 있다는 사실 말이지.

너무 예민한 거 아니냐고? 꼭 그런 것만은 아닐걸. 만약 그러한 입장에 처한 누군가가 네 자신 또는 너의 가족이나 친한 사람들이 될 수도 있다고 치면 생각이 조금은 달라질 거야. 예를 들어, 이런 상황이 생긴다고 해 보자. 친구 중 하나가,

네가 농촌 지역에서 태어나 성장한 후에 서울에 왔다는 걸 모르고 "야. 시골뜨기들 보면 왠지 촌스러운 느낌이 딱 들지 않냐?"라고 묻는다면 기분이 어떻겠어? 또, 누군가 너의 가족 중에 경찰이 있다는 걸 모르고 "짭새들 짜증 나지 않냐?"라고 말한다면?

당연히 기분이 매우 좋지 않을 거야. 혹시 이런 얘길 듣고 부모님에게 "왜 나는 서울이 아닌 지역에서 태어났나요?" 또는 "그 많은 직업 중에 왜 하필 경찰을 선택하셨어요?"라며 성질을 부리는 친구들은 없겠지?

독일의 철학자 마르틴 하이데거는 "언어는 존재의 집이다."라는 말을 했어. 어떤 존재, 즉 사람이 하는 말이 곧 그가 속한 세계라는 뜻이야. 만약 '시골뜨기'나 '짭새' 등의 단어를 쓰는 사람을 만났다면 그의 정신이 머물고 있는 집이 지역과 직업에 대한 편견으로 가득 차 있다고 생각해도 될 것 같아. 애정이 있다면 그가 그 좁은 집에서 벗어날 수 있도록 한마디 해 주는 것도 좋겠다.

"당신이 쓰는 말이 곧 당신의 존재를 말해 줍니다."

우리 주변에는 타인에 대한 배려가 부족한 말, 타인에게 상처를 주는 말을 쉽게 내뱉는 사람들이 의외로 참 많아. 이는 그 사람의 나이나 경험, 학식에 상관없는 것 같아. 이유는 정확히 모르겠지만 우리나라 사람들은 대다수가 정해 둔 틀에서 조금 다른 기준으로 살아가는 사람을 보면 '구분 짓기'를 곧잘 하는 편이지. 자기들만의 기준을 만들어 놓고 귀한 것과 천한 것, 일등과 이등, 정상과 비정상 등으로 구분하는 것 말이야. 이 구분 짓기는 차별 그리고 불평등 현상을 초래하기도 해.

그런데 생각해 보면 저마다 생김새가 다 다르듯 세상에 똑같은 사람은 없잖아. 일란성 쌍둥이라도 생김새가 어딘가 조금씩 다 다르지. 이렇게 세상에는 저마다 다른 사람들이 모여 살고 있는데, 어떤 기준 하나를 정해 두고 그 기준에서 조금 벗어나면 마치 뭔가 모자란 것처럼 구분 짓기를 하거나 심하게는 비하, 차별하는 발언까지 서슴지 않는 이들도 있지. 물론 대학과 학번을 묻는 것처럼 자기도 모르게 무심코 하게 되는 말도 있고 말이야.

이 책은 그동안 내가 교육 매체의 취재 기자로 일하면서 여러 사람을 만나며 들은 말, 버스나 지하철에서 우연히 듣게 된 말, 텔레비전이나 영화에서 들은 말 가운데 잊히지 않았던 표현들에 담긴 의미와 속뜻을 찾아 나선 일종의 언어 탐구 여행이기도 해. 우리 삶 곳곳에서 사람들이 자주 하는 말 중 '무슨 뜻일까?' '뭔가 어색한데?' '많이 쓰는 말인 것 같은데 고쳐 써야 하지 않을까?' '어디서부터 시작된 말이지?' 등등 온갖 궁금증을 일으켰던 말들을 하나하나 메모하기 시작했어.

그런 표현들이 어떤 게 있나 쭉 정리하다 보니 분야별로 구분이 되더라고. 나이, 장애·인종, 경제 조건·지역, 학력·학벌·직업, 성별 등의 기준들로 말이야. 이 중 내가 자주 했던 말, 종종 듣게 되는 말이 무엇인지, 그리고 주변 사람들이 습관처럼 내뱉곤 했던 말이 어떤 영역에 속하는지 생각해 보는 것도 좋을 것 같아. '무심코 한 말이었는데 누군가에겐 이런 의미로 다가올 수 있겠구나.' 하면서 내 말이나 행동을 돌아보는 계기를 마련할 수도 있거든. 이 책을 통해 사람들이 일상에서 많이 하는 말들 중 다른 사람에게 상처가 될 수 있는 말들, 편견과 차별을 담은 말들이 무엇이 있는지 살펴보면 좋겠어.

일상에 스며든 차별의 말들은 우리가 생각하는 것보다 더 많아. 이 책에는 그중 가장 익숙하게 많이 쓰고, 많이 듣게 되는 열아홉 개 말을 골라서 담았어. 자기도 모르게 무심코 하는 여러 가지 말 속에 숨은 차별 표현들, 칼이 되는 표현들을 마치 숨은그림찾기를 하듯 함께 찾아내 봤으면 해.

"어휴. 이런 것까지 신경을 써 가면서 말하려고 하면 머리
아파서 어떻게 살아요?"

이런 생각이 들 수도 있을 거야. 물론 처음에는 조금 불편할
수도 있겠지. 어떤 말이 왜 문제가 되는 말인지 생각해 보고,
공부해 보고, 말하기 전에 다시 한 번 조심하고……. 맞아, 분
명 이런 과정 자체는 피곤한 일이지. 그런데 이렇게 해 나가다
보면 상대를 배려하는 습관이 새롭게 자리 잡게 되지 않을까
싶어.

그 정도로 익숙해지지 못한다고 하더라도, 그 말이 왜 문제
가 되는지 고민하는 시간만이라도 적어도 한 번쯤은 가져 보
면 좋겠어. 나 스스로 그 말을 듣는 상대방의 입장이 되어 생각
해 보는 게 그 첫 단추야. 생각
보다 어려운 일은 아니길
바라. 자, 이제 그 말이
왜, 어째서 이상한 건지
함께 알아볼까?

차례

1장

한 끗 차이로 생겨나는 차별의 언어

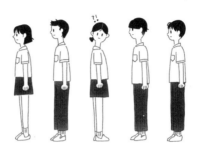

오해와 이해 사이에
멈춰 서서

3장

이상한 정상 이름을 찾아서

동그라미 속 숨은 차별어들이 뭔지 궁금해서
못 참겠다면, 먼저 152쪽을 찾아보고
책을 읽어도 좋아!

4장

세상의 중심은 이미
정해져 있을까?

나가는 글

한 끗 차이로 생겨나는 차별의 언어

그냥, 부르기 편해서, 재미있어서……. 왜 그런 표현을 쓰는지
물어보면 논리적인 이유가 없는 경우가 많아. 이렇게 별생각 없이
던진 표현들의 칼날이 내 친구, 가족에게도 향할 수 있다고
생각해 봐. 기분이 좋지만은 않지? 어쩌면 농담과 상처는
한 끗 차이에서 생겨나는 건지도 몰라.

○○○를
하교 시간인가 봐

마을 ③

바글
바글

마을 버스에
사람이 왜 이렇게
많아?!

시간대가 그렇잖아.
급식충들 하교하는 시간.

어휴, 목소리는 왜 저렇게 커?
땀 냄새도 많이 나는 거 같아.

야!!

야, 너야말로 좀 조용히 해.
요즘 급식충들 얼마나 무서운데.
함부로 뭐라고 했다간
해코지당할 수도 있어.

솔직히 급식도 공짜로 먹는 주제에
뭐가 저리 당당한지 짜증 나.

쑥닥—

POO

'어떤 벌레'로 분류되는 사람들

청소년이 하교하는 시간대 버스를 탄 두 청년이 나눈 대화야. 따로 설명하지 않아도 알겠지만 두 사람의 대화 속에는 청소년들을 비하하는 단어가 있지. 맞아! '급식충'이라는 말. 급식충이라는 단어뿐 아니라 다른 불편한 표현도 많이 보이지. "요즘 급식충들 얼마나 무서운데!" "뭐라고 했다간 큰일 당할 수 있다." "땀 냄새도 많이 나는 것 같아." 등이 그럴 거야.

'급식충'은 '급식'에 '벌레 충(蟲)' 자를 붙인 말로, 풀어 보면 '급식을 먹는 벌레'라는 뜻이야. 급식의 대상이 되는 중·고등학생들을 비하하는 말로 알려져 있지.

언제부터인가 우리나라에서는 특정 집단이나 사람을 부를 때 벌레라는 뜻의 충(蟲) 자를 붙이는 일이 많아졌어. 사람을 벌레에 빗대 극도의 혐오와 경멸을 드러내는 거지. 그런데 학교에서 먹는 급식에 벌레라는 말을 붙인 이유는 뭘까?

사실 급식을 먹는 사람들은 중·고등학생들 말고도 많아. 군인이 대표적이지. 직장인들 중에서도 급식을 먹는 이들이 있어. 그럼에도 청소년에게만 급식이라는 단어를 붙여 비하 표현을 쓰는 이유에 대해 중·고교생, 즉 청소년을 유독 낮춰 보는 우리 사회 특유의 시선이 담겨 있다고 보는 사람들도 있어.

"애들은 밥만 잘 먹이면 아무 소리 안 해."

혹시 이런 말을 들어 본 적 있어? 아이들을 두고 어른들이 자주 하는 말이지. 얼핏 '뭐 그런가 보다.' 하고 넘어갈 수도 있을 거야. 그런데 곰곰 생각해 보면 "먹거리 문제만 해결해 주면 모든 불만이 해결될 정도로 아이들은 단순하고, 미성숙하다."는 시선이 담겨 있는 건 아닌가 싶기도 해. 이런 관점에서 보면 '급식충'은 '먹을 것만 밝히는 단순하고 미성숙한 벌레들'이 되는 셈이야.

공짜로 국가 혜택을 누린다는 시선

사실 먹는 행위는 인간의 가장 본능적인 행위 중 하나잖아. 그런 행위와 관련이 있는 급식이라는 단어에 벌레라는 말을 붙이고는, '생각 없이 밥만 먹는 것들'이라는 의미를 극대화한 것이 바로 급식충이라고 말하는 이들도 있어.

표현 방법이 조금씩 다를 뿐 예전에도 청소년을 낮춰 보는 듯한 시선이 담긴 발언은 많이 있었어. 옛날 영화나 드라마를 보면 "공부도 못하면서 쌀이나 축내는 것들." "오로지 밥 먹을 시간만 생각하고 사는 애들." 등 청소년을 먹는 것과 연결 지어 비하하는 말을 적지 않게 들을 수 있어.

대화에서 "급식도 공짜로 먹는 주제에." "뭐가 저리 당당한지."라는 말도 많이 거슬리지? 우리나라 거의 대부분 지역의 초·중·고교 공립학교에서는 무상 급식을 실시하고 있잖아. 무상 급식이란, 세금을 재원으로 학생들에게 무상으로 급식을 제공하는 걸 뜻하는 말이지. 지난 2010년 교육감 선거에서는 한 교육감 후보가 무상 급식을 시행하겠다는 공약을 내걸면서 무상 급식이 화제가 됐어. 이 후보자의 반대 진영에서 무상 급식 정책에 대해 '포퓰리즘'이라고 비판하기 시작했거든.

포퓰리즘이란, 대중의 인기에 영합하는 정치 행태를 뜻하는 말이야. 결국 '세금으로 모든 아이들에게 밥을 공짜로 줘야 하느냐, 마느냐.'라는 논쟁이 뜨거워졌지. 그리고 그 과정에서 청소년을 보며 '세금 축내는 아이들'이라고 손가락질하는 이들도 있었다고 해. "급식도 공짜로 먹는 주제에."라는 표현도 그런 맥락을 담았다고 볼 수 있을 거야.

우리가 사회에서 차별받는 사람들을 이야기할 때 청소년을 떠올리는 경우는 많지 않지. 급식충이라는 표현을 둘러싼 사회 현상을 살펴보면 청소년도 차별과 배제의 대상이 되고 있다는 사실을 발견할 수 있어. 어리다는 이유로, 경제 활동을 안 한다는 이유로 말이지.

'어리다고 놀리지 말아요~.'라는 가사가 담긴 유행가가 있지. "청소년이라고 놀리거나 비하하지 마세요."라고 하면 "아이쿠, 귀여워라~!"라며 대수롭지 않게 넘기는 사람들도 많을 거야. 최근에는 이런 태도를 비판하며 청소년을 정중하게 대우해 주는 어른들도 많아졌어. 다짜고짜 청소년을 "야!" 하고 부르는 게 아니라 "○○ 님" 또는 "○○ 학생"이라고 부르는 식으로 말이야. 뭔가 낯간지럽다고? 청소년을 낮춰 보는 데 익숙해져서 그런 건 아니고?

단순한 재미와 장난으로 여길 수 있을까

급식충 이야기를 계기로 충(蟲)이라는 접미사가 붙은 혐오 표현에 대해 좀 더 알아볼까? 그 전에 우리가 벌레를 봤을 때 보통 어떻게 반응하는지 한번 생각해 보자.

바퀴벌레 한 마리가 눈앞에 나타났다고 쳐 봐. 대다수 사람들이 "더러워." "징그러워." "빨리 밟아서 죽였으면 좋겠어." 등등의 반응을 보일걸. 사람을 칭하는 말에 벌레란 의미의 충(蟲)을 붙인다는 건 그만큼 상대를 싫어하고, 경멸하고, 혐오

한다는 뜻이라고 봐도 될 것 같아.

충(蟲)이 접미사로 붙은 표현은 온라인상에서 먼저 쓰이다가 일상생활에까지 널리 퍼지게 된 것으로 알려져 있어. 비단 급식충만이 아니라 한국 남자를 비하하는 의미의 '한남충', 노인을 비하하는 '틀딱충', 일부 몰지각한 엄마를 비하하는 '맘충' 등이 대표적이지. 그 밖에 진지하다는 이유로 '진지충', 딱히 설명할 필요가 없는 내용까지 설명한다고 해서 '설명충' 등 참 다양한 말들이 계속 생겨나고 있지.

이 중에서도 '맘충'과 관련해선 사회적으로 큰 논란이 일기도 했어. 맘충은 공공장소 등에서 자녀를 방치하거나 몰지각한 행동을 해서 질서를 어지럽히는 엄마를 일컫는 말로 알려져 있지. 몇몇 음식점이나 커피숍 등에선 아이를 데리고 오면 그 장소에 들어올 수 없다는 의미의 '노키즈존(NO KIDS ZONE)' 푯말을 붙이기도 했거든. 이는 '아이들은 시끄럽고 성가신 존재이기 때문에 분명히 다른 손님들에게 피해만 줄 것이다.'라는 생각을 그대로 반영하는 것 같기도 해. 조용하게 차를 마시고 식사를 하고 싶어 카페나 음식점에 갔는데 다른 테이블에서 시끌벅적 떠드는 아이들 탓에 그 시간을 제대로 즐기지 못했다면 당연히 기분이 좋지 않겠지.

하지만 유독 아이들만이 시끌벅적 떠들어 댈 거라고 생각하는 것도 편견일 수 있어. 어른들 중에도 주변 사람들 생각은 안 하고 시끄럽게 떠들고 웃으며 대화하는 이들도 있으니까. 만약 남에게 피해가 갈 정도로 떠들어 대는 아이가 있고, 부모가 그 아이에게 신경을 쓰지 않는다면 그때 주의를 줘도 될 텐데 무조건 아이들이라는 이유로 특정 공간에 못 들어가게 하는 것도 좀 이상하지.

손님을 받고, 안 받고는 주인 마음이기 때문에 뭐라고 할 일은 아니겠지만 노키즈존, 맘충 등의 단어를 보고 있으면 마음한편이 씁쓸해지는 게 사실이야. 일부러 아이를 방치하거나 아이가 남에게 피해를 주도록 놔두는 부모는 극소수에 불과할텐데 모든 부모, 그중에서도 엄마만을 콕 집어 '벌레'라 칭하는 상황이 된 거니까 우리 사회가 얼마나 각박한지 실감하게되지.

사실 영·유아기 아이들은 누구나 먹을 때 잘 흘리고, 칭얼대기도 잘하지. 그래서 부모의 보살핌을 필요로 하잖아. 그렇다고 공공장소에서 아이나 부모의 행동으로 다른 사람들이 큰피해를 입을 상황이 됐는데도 참고 넘어가자는 말은 아니야. 아이가 정말 시끄럽게 울고 떠드는데도 부모가 가만히 보고만있었다면 분명히 지적을 받아야겠지. 다만, 영·유아기 아이들이기에 가질 수밖에 없는 특성 그리고 아이 기르는 부모들의 마음을 어느 정도 이해해 줄 줄 아는 분위기가 우리 사회에 필요하지 않을까 생각이 들어. 무엇보다 나를 비롯해 모든 사람은 부모의 보살핌을 필요로 했던 시절을 지나왔을 테니까.

　혹시 '충(蟲)'이 들어간 접미사를 자주 쓰면서도 그 안에 이렇게 경멸과 혐오의 의미가 있는 줄은 몰랐다고 말하는 사람이 있을지 모르겠다. 솔직히 그냥 남들 쓰니까, 장난으로, 재미있어 보여서 이런 말을 쓴 친구들도 있을 거라고 봐. 하지만 우리가 바퀴벌레를 바라볼 때 마음 상태를 생각해 보면 충(蟲)이라는 접미사를 붙인 표현이 왜 그렇게 문제가 되는지 그 이유를 확실히 알겠지?

거기, ○○○ 나와

우리 딸, 학교 잘 다녀왔어?
표정이 왜 그래?
친구들하고 싸웠니?

시무룩...

응. 엄마,
오늘...... 학교에서
정말 기분 나쁜 일 있었어.

무슨 일인데?

선생님이 갑자기 나를 가리키면서
거기, 다문화, 나와 보라는 거야.

뭐, 뭐라고?

순간 당황했는데,
선생님이랑 애들이 다 나만
쳐다보고 있으니까
뭘 어떻게 해야 할지
모르겠더라고.

휴......

그 말은 써도 되는 게 아니냐고?

몽골 이주 여성 K씨가 딸 지민이에게 들은 이야기야. K씨는 이 이야기를 듣고 너무 속상해서 눈물을 흘렸다고 해. 자신이 몽골 이주 여성이기 때문에 지민이가 손가락질 받고 비웃음거리가 된다는 생각에 엄마로서 미안한 마음이 들었기 때문이야.

만화 속 지민이는 엄마가 몽골 이주 여성이라는 점 말고는 다른 친구들과 다를 바 없는 평범한 친구야. 그런데 엄연히 이름이 있음에도 친구들 앞에서 "다문화!"라고 불렸으니 얼마나 기분이 나빴을까?

"어? '다문화 가정'이라는 말은 써도 되지 않나요?"

지민이 사연을 듣고 이런 질문을 던질 수도 있을 것 같아. 맞아. '다문화 가정'이라는 단어는 일반적으로 많이 쓰이고 있지. 그런데 최근 학생들 사이에서 다문화 가정을 '다문화'로 줄여 부르면서 상대를 은근히 깔보는 문화가 널리 퍼져 있다고 해. 지민이의 경우도 그래. '김지민'이라는 자기 이름이 반듯하게 있는데 굳이 '다문화'로 불려야 할 이유가 있을까?

실제 학교 현장에서 다문화 가정 자녀들을 두고 비하 발언을 하거나 대놓고 차별하는 사람들이 적지 않다고 해. 다문화 가정 자녀들은 다른 인종, 다른 민족의 부모 사이에서 태어나는 경우를 뜻하는 말이지. 20~30년 전만 해도 국제결혼이 흔치 않았던 시절이라, 다문화 가정 자녀가 지금보다 더욱 낯설게 느껴졌다고 해. 지금은 국제결혼이 늘어나면서 다문화 가정 자녀들이 많아졌어. 하지만 이들을 향한 차별은 여전한 상황이지.

〚 '우리'가 될 수 없다는 너무나 '순수한' 잣대 〛

지난 2018년, 인천에서 한 열네 살 아이가 폭력에 쫓기다 옥상에서 떨어져 숨지는 사건이 일어났어. 이 아이는 평소 친구들로부터 다문화 가정 자녀라고 놀림을 받아 왔다고 해. 이 아이가 죽음까지 이르도록 폭력을 휘두른 또래 가해자들 마음속에는 뭐가 자리하고 있었을까? 아마도 '우리'와 '우리에 속하지 않은 아이'를 구분하는 이분법이 내면화돼 있었을지도 몰라. 여기서 우리와 우리 아닌 아이를 구분하는 기준이 다름 아닌 '핏줄'이 아니었을까?

다문화 가정 자녀들을 차별하는 이들의 마음속에는 '순혈주의'가 깔려 있다고 할 수도 있을 거야. 순혈주의란, 순수 혈통주의의 줄임말이야. 혼혈이 아닌 순수 혈통으로 이루어져야 훨씬 더 우월하다는 식의 사고를 뜻하는 말이지.

우리나라의 경우, 과거에는 다문화 가정 자녀들을 '튀기'라고 부르며 비하하고 배척하는 문화가 강했어. 한국 사회는 단일 민족 국가라는 것을 오랫동안 강조하고 그것에 자부심을 갖도록 가르쳐 왔거든. 그래서 다양한 인종과 문화가 공존하는 다문화적 현상에 대해 비판적인 입장을 보이는 사람들도 많았지. 그 결과 이질적 문화에 대한 거부감이 점점 커지고 피부색이 다른 이주 외국인들에 대한 편견과 차별을 비롯해 문화적 갈등 등의 여러 문제가 발생했어.

다문화 가정 자녀들을 비하하고, 차별하는 것도 순혈주의의 대표적인 폐해야. 부모 두 사람이 우리나라 사람이면 문제가 없고, 부모 중 한쪽이 우리나라 사람이 아니면 문제가 있는 거라는 식이니까. 그런데 잘 생각해 보자. '순수한 피'는 옳은 것이고, '섞인 피'는 옳지 않은 것일까?

차별의 여러 갈래를 지나

사실 역사적으로 보면 우리나라 민족도 단일 민족이라고 부르기엔 무리가 있다고 해. 한 예로 고려시대의 경우, 거란과 여진 등 다양한 주변국 사람들이 고려로 귀화해 정착했다는 기록도 있지. 그렇게 따져 보면 우리가 단일 민족이라는 건 잘못된 정보가 되는 셈이야. 하지만 우리나라 사람들은 유독 순혈주의를 강조하지.

1990년대 이후 세계화 물결이 일면서 국제결혼이 많아지고, 다문화 가정과 이주 노동자가 더불어 늘어났어. 2018년 통계청이 발표한 〈2017년 인구총조사〉에 따르면 우리나라 전체 2016만 8000가구 중 다문화 가구는 31만 9000가구나 된다고 해. 2016년(31만 6000가구)에 비해 3000가구(0.9퍼센트) 증가한 수치지. 하지만 다문화 가정 자녀들에 대한 차별은 인종차별과 관련해서 새로운 유형의 차별을 낳고 있어. 다문화 가정 자녀 중에서도 백인 부모가 있는 가정의 자녀에게는 상당히 관대하면서 동남아 부모가 있는 가정의 자녀에 대해서는 비하하는 이중적인 사람들도 많아.

여러분이 좋아하는 연예인 중에도 다문화 가정 자녀가 있을걸. 모델 한현민 씨는 나이지리아 출신 아버지와 한국인 어머니 아래서 자랐어. 그룹 아이오아이로 활동하다가 솔로로 데뷔한 가수 전소미 씨는 네덜란드계 캐나다인 아버지와 한국인 어머니 사이에서 태어났고. 랩퍼 도끼 씨는 스페인·필리핀계 아버지와 한국인 어머니 사이에서 태어났지. 찾아보면 연예인 말고도 많이 있을 거야.

이렇게 다문화 가정의 자녀들이 우리 사회의 일원으로 곳곳에서 활동하고 있지만 순혈주의의 그늘은 여전히 짙게 드리워져 있는 게 사실이야. 혹시 여러분 주변에 다문화 가정 친구가 있다면 다른 친구들과 똑같이 대하고, 똑같이 부르면 좋겠어. "지민아, 놀자!"라고 이름을 부르면서 말이야.

○○들 짜증나

우리 중간에 4호선으로 갈아타야 하는 거 맞지?

어어, 그나저나 제일 붐비는 때인데 풀딱들은 이 시간에 왜 나온 거야?

바글바글

버스보단 지하철 노약자석이 편하잖아. 자리 차지하고 앉아 갈 수 있어서 그런 거 같아.

뭐, 앉아 있는 건 뭐라고 안 하겠는데, 휴대폰으로 노래를 들을 거면 이어폰 써야지.

그러게, 지하철이 뭐 자기들 안방인 줄 아나? 어휴, 신끄러워.

바글

바글

물론 나이가 벼슬은 아니지만

오전 시간 지하철을 탔다가 노인들을 만난 두 청년의 대화야. 아침부터 바쁘게 약속 장소에 가야 하는 상황인데 노인들이 지하철 안에서 마치 집 안방에 있는 것처럼 큰 소리로 노래를 듣고 이야기하는 모습을 본 거야.

대화 속에서 유독 눈에 들어오는 단어가 있지? 그래, '틀딱'이라는 말. 온라인 커뮤니티를 중심으로 확산된 노인 비하 표현으로 '틀니를 딱딱거린다.'의 줄임말이야.

그런데 두 사람 대화를 읽으며 "나도 공감해요."라고 말하는 이들이 꽤 있을 거야. 모든 노인이 다 그런 건 아니지만, 노인들 중에는 공공장소에서 기본 에티켓을 무시하는 이들이 종종 있지. 대화 속 노인처럼 공공장소에서 이어폰을 안 꽂고 음악을 듣는 건 양반에 속할 정도로 무례한 행동을 하는 노인들도 많아. 노약자석에 앉아 있으면서 근처에 서서 가는 젊은이들을 향해 시비를 거는 경우가 대표적이지. "옷차림이 이게 뭐냐!" "머리에 피도 안 마른 것들이!" "나 어릴 때는 안 그랬다." "휴대폰 그만 좀 보고 다녀라." 등의 잔소리나 훈계가 이어지기도 해.

노인들 입장에서는 젊은 세대에 대한 관심의 표현이자 어른으로서 진심 어린 조언을 해 주는 거라고 생각하겠지만, 젊은 세대들이 보기에는 무례한 참견으로 느껴질 수밖에 없을 거야. 이렇게 나이가 더 많다는 이유로 젊은 사람들에게 행패를 부리는 노인들을 비하하는 표현으로 '노슬아치(노인+벼슬아치)'라는 말도 새로이 등장했다고 해.

〔 말에 담긴 부정적 의미는 어디서 비롯될까? 〕

그런데 틀딱이라는 말 속에는 우리나라에서 노인이 처한 상황과 청년 세대의 고민 등이 모두 담겨 있어. 틀딱은 일반적으로 나이 든 사람을 비하하는 표현인 '꼰대'와는 그 말의 느낌이 조금 달라. 나이가 들어 쇠약해진 노인의 신체 중 대표적 부위인 '치아'를 콕 집어 비난하면서 노인을 극단적으로 손가락질하는 느낌이 들지.

일반적으로 노인이라고 하면 65세 이상을 말해. 한 사회의 총인구 중 만 65세 이상 노인 인구가 20퍼센트 이상이면 초고령사회, 14퍼센트 이상이면 고령사회라고 한대. 그런데 2025년경이면 우리나라는 초고령사회에 진입할 것으로 예측되고 있어. 그만큼 노인 인구가 많다는 이야기지. 인구는 많지만 일할 수 있는 능력은 부족해지고, 그들을 부양할 사회적 비용은 늘어나니 노인들은 사회에서 부담스러운 존재로 여겨지곤 해. 청년층은 취업 자체가 힘든 세상인데 노인 부양에 대한 사회적 비용을 감당하는 것은 물론이고 일부 노인들의 무례한 행동까지 봐야 하니 노인에 대한 부정적 인식이 싹틀 수 있겠지.

실제로 노인에 대한 부정적 인식의 주된 원인으로 '일자리'와 '복지 비용'을 둘러싼 갈등이 지목되고 있어. 지난 2018년 국가인권위원회가 발표한 〈노인인권 종합보고서〉를 보면 '노인 일자리 증가 때문에 일자리 감소가 우려된다.'는 응답이 56.6퍼센트, '노인복지 확대로 청년층 부담 증가가 우려된다.'는 응답이 77.1퍼센트로 나왔어. 부양해야 할 노년층이 늘어나는 것에 대한 청년들의 불안감이 그만큼 크다는 이야기야.

노인들은 노인들대로 자신들의 상황을 받아들이는 걸 힘들어해. 자신들은 1970~1980년대 고도성장을 견인해 준 세대인데 어느새 나이가 들어 몸은 쇠약해지고, 예전처럼 활발하게 사회활동을 하기 어려워진 상황을 직면하고 싶지 않은 거지.

마음먹으면 충분히 가능한 노력들

　문제는 이런 상황에서 일부 노인들이 무례한 태도를 보이면서 '노인은 부담스럽다.'는 다른 세대들 마음에 불을 지폈다는 거야. 한 예로, 지난 2016년에는 70대 노인이 노약자 보호석에 앉은 한 임신부를 폭행한 사건도 있었어. 노인이 앉아야 할 자리에 임신부가 앉아서 불편했다는 거지. 실제로 임신부 좌석에 앉은 이들을 보면서 "너 어디 진짜 임신했는지 확인해 보자."라고 말하는 노인들도 있다고 해.

　이런 상황에서 젊은 세대들은 노인에 대한 편견이 생길 수밖에 없을 거야. 노인이라고 하면 모두 권위적일 것 같고, 공공장소에서 떠들 것 같고, 자기 생각만이 정답이라고 고집을 부릴 거라고 생각할 수 있겠지. 그 과정에서 증폭된 게 세대갈등이야. 세대갈등이란, 세대 간의 입장 차이로 벌어지는 갈등을 뜻하는 말이지. 어때? 틀딱이라는 단어 안에 우리 사회의 여러 고민과 갈등이 담겨 있다는 말이 무슨 뜻인지 이해가 가지?

　어떤 이들은 이런 말도 해. 정말 '틀딱' 소리를 들을 정도로 무례한 이들도 있지만 그렇지 않은 이들도 있다고. 무례하고 개념 없는 노인들 사례가 미디어에 자극적으로 많이 나오니까 우리 자신도 모르는 새 모든 노인을 '짐짝'이나 '연금을 축내는 사람들' 등으로 바라보게 되었을 수도 있을 거야. 마치 고정관념처럼 말이지.

하지만 우리 사회에는 모든 세대에게 사랑받는 멋진 노인들도 많아. 71세에 유튜버로 데뷔해 'Korea Grandma'라는 채널로 큰 인기를 모은 박막례 할머니를 생각해 봐. 박막례 할머니뿐만이 아니야. 유튜브 채널을 보면 새로운 시대 문화를 경험해 보려고 애쓰거나 자신의 오랜 삶의 경험이나 지식이 녹아든 콘텐츠를 통해 다른 사람들과 건강하게 소통하려고 애쓰는 노인들도 많이 있어.

더 많은 노인들이 시대 변화에 함께하며 사회 안에서 자신만의 역할을 해 나갈 수 있게 되면 좋겠지. 이를 위해선 노인 세대들 스스로 왜 자신이 속한 세대가 혐오의 대상이 됐는지 생각해 보는 태도부터 가져야 할 거야. 젊은 세대들은 노인이 처한 현실과 그들 세대의 어려움에 대해 관심을 기울여야 할 거고. 이상적인 이야기로 들릴지 모르지만 이렇게 세대별로 서로 소통하고 존중하려는 노력 없이 갈등 해결은 어려울걸. 이런 문화가 자리를 잡게 되면 '틀딱' 소리를 듣는 노인들도 점차 사라지고, 그 말을 쓰는 것 자체가 문제라는 점을 누구나 공감하지 않을까?

갑자기 ○○가
나타나서 깜짝 놀랐네

아 숨차. 아침에 늦잠 자는 바람에 지각 안 하려고 학교까지 엄청 뛰어왔어.

헤어롤

헉헉

정말? 조심해. 겨우 몇 분 일찍 가려다가 진짜 큰일 나는 수가 있어, 너.

ZZZ

헉헉

신호등 빨간불일 때 무단횡단 좀 하려는데 갑자기 짭새가 나타나는 거야.

뿅!

헉헉

깜놀했겠네. 짭새한테 잘못 걸리면 너 벌금 물 수도 있어.

그렇게까지 예민할 필요가 있느냐는 물음

평소 '짭새'라는 표현을 들어 본 적 있어? 이 말을 아마 온라인상에서 많이 접해 봤을 텐데, 영화나 드라마에서 "야, 짭새 떴다!"라는 대사로도 종종 나오기도 해. 짭새는 범죄자들이 경찰관을 지칭할 때 자주 쓰는 은어 중 하나야. 은어란 특정한 계층이나 부류의 사람들이 외부 사람들이 알아듣지 못하게 내부 구성원들끼리만 빈번하게 사용하는 말을 뜻해. 한자로 '숨을 은(隱)' 자, '말씀 어(語)' 자를 쓰지.

짭새라는 표현이 언제부터 쓰였는지는 정확하게 알려져 있지 않지만 경찰관이 하는 일을 비꼬고 조롱하는 표현이라는 건 쉽게 짐작할 수 있을 거야. 이 밖에도 요즘 인터넷에서는 '미용사'를 '깍새'로, '구두 수선원'을 '딱새'로 부르는 등 사람 직업에 '새' 자를 붙여 몇몇 분야의 직업인들을 비하하는 경우도 꽤 많아.

"영화나 드라마에서도 자주 나오는데, 그렇게까지 정색하고 예민하게 반응할 필요가 있을까요?"

이렇게 반문하는 이들도 있을지 몰라. 하지만 내 부모나 형제 등 가족 중에 경찰이 있다면 생각이 달라질걸.

우리나라 사람들이 유독 조롱이나 비하 표현을 붙이는 직업들을 보면 어떤 공통점을 발견할 수 있어. 주로 육체노동과 관련된 직업들이라는 점이지. 이유가 뭘까? 아마도 노동이나 상업 등을 천시하는 우리 사회의 오랜 문화가 지금까지 계속되고 있어서가 아닐까 짐작하게 돼.

노동의 가치를 누가 함부로 재단할 수 있을까?

얼핏 노동(勞動)은 '일'과 같은 의미로 여겨지지만 실은 서로 달라. 일은 단지 돈을 버는 행위만을 뜻하지 않지만, 노동은 사람이 생활에 필요한 물자나 돈을 얻기 위하여 육체적 노력이나 정신적 노력을 들이는 행위를 뜻하는 말이야. 여기서 전자를 육체노동, 후자를 정신노동이라고 부르지.

우리나라에서는 오래전부터 사농공상(士農工商)이라는 편견이 깊게 뿌리를 내리고 있었어. 그래서 상대적으로 정신노동을 육체노동보다 더 가치 있고 중요한 것으로 여기는 문화가 있었던 것 같아. 사농공상이란, 고려시대와 조선시대 때 직업을 기준으로 가른 신분 계급인데 선비, 농부(農夫), 공장(工匠),

상인(商人) 이렇게 네 계급을 뜻하는 말이야.

그래서일까? 직업을 비하하는 발언 사례들 중에는 육체노동과 관련한 것들이 꽤 많아. 한 정치인이 학교 급식 조리사를 "밥하는 아줌마" "조금만 교육시키면 되는 동네 아줌마"라고 말해 사람들의 분노를 불러일으켰던 적이 있었지. 최근에는 간호조무사 이슈와 관련해 특정 직업에 '조무사'라는 말을 붙여 상대를 비하하는 게 인터넷에서 유행하기도 했고.

'간호조무사'란 의사의 지시와 감독을 받아 간호 보조 및 진료 보조 업무 등을 수행하는 이들을 뜻하는 말이야. 발단은 2013년 보건복지부가 '간호인력 개편방향'을 발표하면서부터였어. 그 개편안에는 간호조무사가 간호사가 될 수 있는 방안이 담겼는데, 당시 간호사들은 1년 과정 간호 교육을 받은 간호조무사가 경력만 쌓으면, 4년제 대학 졸업자와 똑같이 간호사가 될 수 있다는 게 말이 안 된다며 반대하고 나섰지.

문제는 이 과정에서 간호조무사에 대한 비난을 넘어 혐오가 시작됐다는 거야. 비난의 수준이 심해지면서 간호조무사는 '자격이 없으면서 권리만 요구하는 직업군'이라는 인식까지 생겼지. 사람들은 인터넷에서 아예 조무사라는 말의 뜻을 새롭게 정의해 버렸어. '어떤 일에 서툴거나 제 역할을 못한다.'라는 뜻으로 말이지. 여기서 더 나아가 팬들의 기대에 부응하지 못하는 운동선수에게 종목명을 붙여 '○○조무사'라고 부르거나, 자신의 역할을 잘하지 못하는 경찰에 대한 뉴스가 나오면 관련 경찰을 '치안조무사'라 부르며 비하하는 사람들도 등장했다고 해.

역지사지, 다른 사람 입장이 되어 보기

노동이라는 것은 어떤 종류이든, 누가 주체가 되든지 간에 무척 가치 있는 행위야. 그런데 우리 사회에서 육체노동을 하는 이들은 때로 인격을 무시당하면서까지 일을 하는 경우가 많아.

얼마 전까지만 해도 '가사 도우미'는 '가정부' '식모' '파출부'라는 말로 낮춰 불리곤 했지. 비단 언어적인 비하에만 그치는 건 아니야. 대기업 회장이 가사 도우미나 운전기사에게 폭언을 일삼고 갑질을 해 왔다는 등의 뉴스는 이미 너무 많이 나와서 더 이상 놀랍지도 않지.

세상에 더 나은 노동, 더 못한 노동은 없지 않을까? 육체노동이건 정신노동이건 모든 노동은 값진 것이고, 모든 노동자는 우리 사회에서 누군가 엄연히 해야 할 일을 하고 있다는 사실을 알았으면 좋겠어.

　육체노동에 대한 차별이나 비하를 부추기는 문화를 고치려면 크게는 사회 제도, 문화에서부터 작게는 일상 속 사소한 관습까지 많은 게 바뀌어야 할 거야. 물론 그 안에 우리가 쓰는 말도 포함돼 있겠지. 어려운 일만은 아니야. 아까 말한 것처럼 나 자신, 내 가족, 내 친구가 '짭새' '밥하는 아줌마' 등의 소리를 들었다고 생각해 봐. 역지사지(易地思之), 즉 다른 사람 입장에서 생각하면 어떤 말이 문제가 되는 말인지 쉽게 알 수 있을 거야.

　사람들에게 일과 직업은 때로 자기 자신이기도 해. 이를 '직업 정체성'이라고 하지. 개인이 직업인으로서 자신의 직업에 대해 갖는 태도, 생각, 의식 등을 뜻하는 말이야. 오늘 하루, 나도 모르는 사이 누군가의 직업 정체성에 상처를 입히는 말을 하진 않았는지 잘 생각해 보자.

여기 주문

누구는 '님'이고 누구는 '아저씨, 아줌마'

퀴즈 하나! 만화 속 대화에서 이상한 표현이 있다면?

대체 어디가 문제라는 건지 잘 모르겠다고? 문제 잘못 낸 거 아니냐고? 다시 한 번 자세히, 천천히 읽어 봐. 여러 번 읽어 봐도 뭐가 이상하다는 건지 모르겠다고? 그래, 솔직히 나도 처음엔 그랬거든. 민망해하지 말고 어느 부분에서 문제가 있는지 함께 살펴보자.

한 커플이 식당에서 밥을 먹는 상황이야. 여자는 식당에 먼저 와 밥을 먹고 있었고, 남자는 조금 늦은 것 같지? 그런데 남자가 한 말을 자세히 들여다보면 직업인을 부를 때 편견과 고정관념이 담겨 있어. 설명을 듣고 보니 '의사 선생님' 그리고 '주인아줌마'라는 표현이 눈에 들어오지?

일상생활을 하다 보면 참 다양한 직업인들을 만날 수 있지. 그런데 직업인에 따라 누구한테는 '선생님' 또는 '님'이라는 말을 붙여 부르고, 누구한테는 '아저씨' '아줌마' 심지어 '어이' '여기'라고 부르는 경우도 있어. 의사한테는 '선생님'이라는 말을 붙여 부르면서 소방관한테는 '아저씨'라는 말을 붙여 부르는 게 대표적인 예지. 생각해 보면 일상에서 쓰는 말 중 특정 직업인들을 '아저씨' 또는 '아줌마'라고 부르는 경우도 꽤 많아. 생선 가게 아저씨, 옷 가게 아줌마, 꽃집 아저씨…….

그런데 사람들이 의사, 검사, 판사, 변호사 등의 직업인에게 '선생님' 또는 '님' 자를 붙여 부르는 이유는 뭘까? 아마 우리 사회에서 이런 전문직 직업인들을 치켜세워 주는 분위기가 있기 때문일 거야. '님'은 직위나 신분을 나타내는 일부 명사 뒤에 붙는 접사로 '높임'의 의미가 있거든. 쉽게 말해 특정 대상을 높여 주고 그 대상에게 존경의 의미를 더하는 접미사라고 할 수 있지.

'선생님'도 마찬가지야. 본래 선생(先生)은 '가르치는 사람'을 뜻하는 말이잖아. 근데 교육직에 종사하지 않는 사람에게도 이 말을 붙여 부르는 경우가 있지. 그만큼 상대를 존경한다는 의미를 드러내는 거라고 할 수 있어.

직업에 정말 귀천이 없을까?

직업이란 뭘까? 직업은 한자로 '직분 직(職)' '일 업(業)' 자를 써. 경제적 소득을 얻거나 사회적 가치를 이루기 위해 참여하는 지속적인 활동을 뜻하지. 우리나라 헌법 제15조는 "모든 국민은 직업 선택의 자유를 가진다."고 규정하여 직업의 자유를 국민의 기본권의 하나로 보장하고 있지.

직업에는 귀하고 천한 게 없어. 다른 사람을 해치거나 사기를 치는 등 범죄가 아닌 이상, 직업은 누구에게나 의미가 있지. 그런데 자본주의 사회가 되면서 직업은 "돈을 얼마나 더 많이 버느냐."를 기준으로 일종의 계급화가 됐어. 의사, 판사, 변호사, 검사 등 전문직군에 들어가는 직업인은 상대적으로 돈을 더 많이 벌기 때문에 많은 사람이 선호하는 직업인이 됐지. 전문직이란, 전문적인 지식이나 기술이 필요한 직업을 뜻하는 말이야. 보통 전문직에는 관련 자격증 등이 필요한 경우가 많지. 그래서 공부를 많이 해야 하고, 평균적으로 월급도 많은 편이야.

하지만 그렇다고 해서 다른 직업들을 낮춰 봐서는 안 되겠지. 의사, 변호사, 판사, 검사 등이 각자 선택한 직업 분야에서 자신의 일을 하는 것처럼 소방관, 꽃 가게 사장, 생선 가게 사장 등 다양한 직업인 또한 각자 선택한 직업 분야의 일을 하는 거니까. 누가 더 의미 있고, 가치 있는 일을 한다고 볼 수는 없어. 세상에는 의사, 변호사, 판사, 검사도 필요하지만 불이 났을 때 불을 꺼 주는 소방관, 꽃을 판매하는 꽃 가게 사장, 생선을 판매하는 생선 가게 직원도 필요하니까.

지난 2017년 국가인권위원회가 경인교육대 산학협력단에 의뢰한 〈2017년도 초중등 교과서 모니터링 보고서〉에 따르면 특정 직업에 전문성을 덜 부여한 경우가 다수 발견되었어. 특정 직업에 대한 편견을 무의식중에 가질 수도 있는, 잘못된 표현도 많았고. 그림을 보면 주로 남성들이 의사나 검사 등으로 등장했고, 여성은 대개 집안 살림을 하거나 직업인으로서의 모습은 매우 한정적으로 표현됐지. 또한 소방관이나 떡집, 꽃집 주인은 '아저씨'라고 지칭하는 반면, 의사는 '선생님'이라 표현되는 등 특정 직업에 대한 편견이나 차별이 담긴 표현이 들어가 있었어.

한쪽으로 기울어진 예의는 사양합니다

구체적인 사례를 들여다보자. 초등학교 1학년 2학기 국어 교과서를 보면 '우리 동네에 사는 사람들의 직업은 여러 가지'라고 소개하면서 '예쁘게 머리를 다듬어 주시는 미용사' '불을 꺼 주시는 소방관'이라고 언급했대. 하지만 유독 의사에 대해서는 '우리를 치료해 주시는 의사 선생님'이라고 했지. 2학년 국어 교과서에는 학생이 장래희망을 쓴 명찰을 가슴에 매단 그림이 실렸는데, 꽃집 주인을 '꽃집 아저씨'로 적었어. 학생들이 떡집에 간 장면을 소개한 사진에는 "떡집 아저씨를 만났어요."라는 설명이 달려 있었지.

직업인을 부를 때 그가 하는 일 자체만을 객관적으로 알 수 있게 부르면 어떨까? 실제 이 연구팀은 보고서에서 "어떤 직업은 존경받고 어떤 직업은 아닌 것으로 편견이나 고정관념을 가질 수 있다."며 "'아저씨'라든가 '선생님'이라는 지칭어를 모두 삭제하고 해당 직업만을 지칭하는 방식으로 수정돼야 한다."라는 의견을 밝히기도 했어.

해당 직업만을 지칭하는 거, 나쁘지 않아 보이지? 예를 들어 '김 변호사님'이라고 부르지 않고 '김 변호사'라고 부르는 거야. 또 '꽃집 아줌마'라고 부르지 말고 '꽃집 사장'이라고 부르는 거지. 조금 어색하게 느껴지지? 계속 부르다 보면 익숙해질 거야.

너무 예의가 바른 나라여서일까? 우리나라 사람들은 사장을 부를 때도 '김아무개 사장'이라고 하면 왠지 예의를 갖추지 않은 것 같다며 찜찜해하지. 이렇게 부르면 상대한테 되바라진 인상을 심어 주지 않을까 걱정하는 이도 있을 거야. 하지만 예의를 갖추는 대상이 너무 특정 직업인에게만 쏠려 있는 건 아닌지 생각해 볼 필요도 있어. 사장한테는 '사장님'이라고 부르면서 특정 직함이 없는 직원한테는 '○○○ 씨'도 아닌 '야!'

라고 부르는 이들도 있으니까.

　우리가 너무 사람 봐 가며 예의를 차리는 건 아닌지 기울어진 예의에 균형을 잡아 봤으면 좋겠다. 꼭 선생님이라고 부르지 않더라도 예의는 갖출 수 있잖아. 누군가를 부를 때 그의 직함이나 직업을 정확하게 부르되 친절하고, 예의 바르게, 배려심을 담아 보는 거야. 혹시 집안 어른들이 식당에 가서 "어이, 아줌마!"라고 말하는 일이 있다면 정말 좋지 못한 표현이라고 알려 드렸으면 좋겠다.

사람을 '벌레'에 빗댄 말들

이런 말은 아파요!

누군가를 비난하고 혐오한다는 의미로 '벌레 충(蟲)' 자를 붙여 특정 집단을 부르는 이들이 적지 않지. 혹시 여러분도 무의식중에 이런 말을 쓰는 건 아닌지 생각해 보면 좋겠어. 본문의 내용을 바탕으로 아래 표현들 또한 다시 한 번 되새기는 시간을 가졌으면 해.

집 살 돈도 없는 '한남충' 주제에.

⇨ '한국 남성'을 비하하는 표현이야.

'유족충', 보상금 받으려고 저러는 거 아냐?

⇨ 재난이나 참사 등으로 소중한 가족을 잃은 유족들을 비하하는 표현이야.

저 개념 없는 '무뇌충' 좀 봐.

⇨ '뇌가 없는 벌레'라는 뜻으로 생각 없이 사는 사람들을 비하하는 표현. 아무리 생각 없이 막 사는 사람을 비난하고 싶더라도 사람에게 '벌레' 라는 표현을 해선 안 되겠지.

오해와 이해 사이에
멈춰 서서

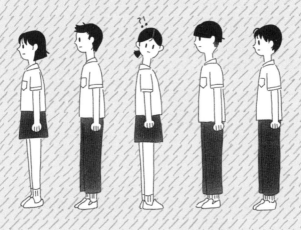

같은 부모 아래 태어난 자식들도 생김새나 성격이 조금씩 다 다르지.

하물며 이 지구상엔 얼마나 다양한 사람이 살고 있겠어.

나와 조금 다른 것을 '틀림'으로 보는 것, 그런 시선이야말로 틀린 게 아닐까?

언어도 마찬가지야. 아 다르고 어 다른 게 말이잖아. 이번 장에서는 '틀림'과

'다름' 사이에 생겨나는 차별의 언어를 살펴보도록 하자.

친구들을 돕기 위해 마련했어요

지영이는 아버지가 안 계시지?

네....

어려운 형편에서도 성실하게 학교생활을 해서 얼마나 대견한지 몰라. 그래서 선생님이 결손 가정 학생 대상 장학금 프로그램에 지영이를 추천했단다.

결손 가정...이요?

!?

응, 학교 재단에서 주는 건데 지영이가 뽑혔어. 축하해. 다음 주에 장학금 수여 행사가 있으니 같이 가자.

덥-석

'완전하지 못하다'는 정의에 대해

지영이는 아버지가 1년 전 돌아가셔서 어머니와 단둘이 살고 있어. 아버지가 암 투병을 하다 돌아가신 탓에 병원비가 많이 들었고, 지금도 가정 형편이 좋지 않지. 대화를 통해서도 느껴지지만 담임 선생님은 아끼는 제자인 지영이에게 조금이라도 도움이 됐으면 하는 마음으로 장학금 프로그램을 알아보고 직접 신청까지 하셨어.

며칠 뒤, 장학금 수여 행사는 학교 강당에서 진행했어. 그런데 행사장에 걸린 현수막이 지영이 눈에 자꾸 거슬리는 거야. 익숙하면서도 낯선 단어가 적혀 있었거든. 바로 '결손 가정'이라는 단어. 선생님과 이야기 나눌 때도 이 말을 스치듯 들었던게 어렴풋이 떠올랐어.

혹시 결손 가정이라는 말을 들어 봤거나 이 말이 적힌 걸 어디서든 본 적 있어? 처음 들어 본다고? 아니면 들어는 본 것 같은데 자세한 뜻은 모른다고? 지영이처럼 부모님 가운데 한 분이 안 계시거나 두 분 모두 안 계실 때 이를 두고 결손 가정이라는 표현을 쓰는 사람들이 있어. 그런데 이 말이 뭐가 문제인 걸까?

자, 여기서 한자 공부도 할 겸 결손 가정이라는 말을 자세히 살펴볼까? '결손'의 한자를 풀어 보면 '이지러질 결(缺)' 자에 '덜 손(損)' 자를 써. 여기서 '이지러지다'라는 말은 어딘가 한 귀퉁이가 떨어지거나 찌그러져 있다는 뜻이지. 쉽게 말해 '뭔가 부족하고 모자라다.'는 정도로 이해하면 될 것 같아. 국어사전을 한번 펼쳐 볼까? 사전에 따르면 '어느 부분이 없거나 잘못되어서 불완전함.'이라고 정의하고 있어. 순화한 표현으로는 '모자람'이라고 하고.

워낙 흔히 쓰이는 말이라 시나브로 익숙해져 그럴 수 있겠지만 '결손 가정 아이'는 결국 '불완전한 가정의 아이'라는 뜻이 되는 거야. 그런데 여기서 한 발 더 나가 생각해 보자. '불완전한 가정'이라는 것은 '완전한 가정'이 있음을 전제하는 것이잖아. 그렇다면 완전한 가정이란 뭘까? 부모가 모두 살아계신 경우를 두고 하는 말일까?

정상과 비정상을 누가 구분할 수 있지?

결손 가정이라는 단어에는 아빠, 엄마, 아이들 이렇게 3인 이상으로 구성된 가정의 형태를 '정상'이라고 바라보는 시선이 바탕에 깔려 있어. 이런 가정을 정상이라고 여기게 되니 그

것과 조금 다른 형태의 가정들은 비정상, 뭔가 불완전한 가정으로 보이는 거지.

그런데 이 기준으로 요즘의 가정 형태를 살펴보면 '비정상'에 속하는 가정들이 매우 많아. 요즘에는 부모님 두 분과 함께 사는 친구들 못지않게 한쪽 부모님하고만 사는 친구들도 많으니까. 그래서 아이를 키우며 혼자 사는 여성과 남성을 각각 뜻하는 '싱글맘' '싱글대디'라는 말도 나왔어. 통계청 자료에 따르면 한부모 가구수는 2015년 205만 2000가구(전체 가구의 10.8퍼센트)에서 2018년 215만 8000가구(전체 가구의 10.9퍼센트)로 증가했어. 적지 않은 규모지.

이제 결손 가정이라는 말에 대해 어떤 생각이 들어? 그저 각자 처한 상황이 다른 것뿐인데 이를 뭔가 부족하다거나 문제가 있는 것처럼 여기게 만드는 단어지? 이 말을 대신할 다른 좋은 표현이 없을까? 부모 한 명과 아이로 이루어진 가족이라는 뜻의 '한부모 가정'이나 '한부모 가족' 혹은 조부모와 손자로 이루어진 가족이라는 의미를 가진 '조손 가족' 등은 어떨까? 그냥 그 가정 형태를 객관적이면서도 담백하게 말할 수 있는 표현들 말이야.

아까 결혼한 부부 한 쌍과 그 자녀(들)로 이루어진 가족 형태만이 이상적이며 정상이라고 보는 기존의 시각에 대해 이야기했잖아. 이런 생각을 두고 조금 어려운 말로 '정상 가족 이데올로기'라고 해. 정상 가족이라는 하나의 상을 만들어 두고 이를 마치 세상의 중심이고 기준이며 정답인 양 생각해서 이를 벗어난 다양한 가족 개념은 결코 받아들이지 않는 거지. 정상 가족 이데올로기에 갇힌 사람들은 자신들이 생각하는 가족 형태에 부합하지 않는 것에는 비정상이라는 꼬리표를 붙이곤 해.

‖ '다양한 정상들'을 찾아 나가자 ‖

그런데 이렇게 정상 가족 이데올로기에 갇힌 채 누군가에게 비정상이라는 낙인을 찍는 사람은 시대가 바뀌어 가는 추세를 잘 모르고 시대 흐름에도 뒤떨어진 사람들일 거야. 요즘 뉴스를 보면 알 수 있겠지만 무척 다양한 가정 형태들이 등장하고 있거든.

정상적인 부부 생활을 영위하면서 의도적으로 아이를 안 갖는 부부들도 적지 않다고 해. 이런 이들을 두고 'Double Income No Kids'의 머리글자를 따서 '딩크(DINK)족' 혹은 '비출산 부부'라고도 하지. 법적으로 혼인 관계를 맺지 않고,

즉 결혼하지 않고 함께 사는 동거 가정도 많아. 우리나라만 그런 건 아냐. 스웨덴의 경우 가정 형태의 무려 삼 분의 일이 동거 가정일 정도로 상당수 사람들이 동거를 선택한다고 해.

한편 아예 가정 자체를 안 꾸리는 사람, 즉 결혼을 안 하는 사람들도 많아. 이를 두고 '비혼(非婚)'이라고 하지. '미혼(未婚)'이라는 단어가 '혼인은 원래 해야 하는 것이나 아직 하지 않은 것'의 의미를 가지는 반면, 비혼은 '아닐 비' 자를 써서 '혼인 상태가 아니다.'라는 좀 더 주체적인 의미를 담고 있어. 아마도 비혼 인구는 앞으로 점점 늘어나지 않을까 싶어. 2018년 통계청이 발표한 사회 조사를 보면 짐작할 수 있지. "결혼이 의무가 아니다."라고 답한 사람이 전체 응답자의 56.4퍼센트나 되더라고.

어때? 이렇게 다양한 가정 형태가 등장하고 있는데 "가정의 모습은 이래야 해."라고 정의를 내려 버리고 그 기준에서 벗어나면 '결손 가정' 이런 식으로 꼬리표를 붙인다니, 참 시대 착오적인 태도지. 근데 지영이 담임 선생님의 경우처럼 나쁜 의도가 있어서라기보다는 그저 '잘 몰라서' 이 단어를 쓰는 사람들이 더 많지 않을까 싶어. 그런 분들이 있다면 지금 시대 가정 형태가 어떻게 달라지고 있는지부터 차근차근 설명해 드리면 어떨까?

날도 추워지는데 ○○○○○ 사자

벌써 겨울이 왔나 봐.
장갑이랑 목도리 나왔더라고.

하-

그래? 올해는 장갑이랑 목도리
세트로 살까 했는데.
예쁜 걸로 좀 알아봐야겠네.

장갑은 벙어리장갑이
진짜 귀여운데.

그치, 근데 막상 쓸 때는
좀 불편하더라.

에-

불편~

너 그거 몰라?
안에는 손가락장갑, 겉에는 벙어리장갑이
붙어 있는 장갑도 나왔어.
스마트폰 터치도 되고.

오! 그런 게 있어?

장갑 앞에 붙은 '세 글자'

이른 겨울, 오랜만에 만난 두 친구의 대화야. 이 대화에서 나오는 '벙어리장갑'은 여러분도 다 알고 있는 장갑이지? 엄지손가락만 칸이 나눠져 있고 다른 네 손가락은 하나로 합쳐진 장갑. 일상에서 워낙 오랜 시간 '벙어리장갑'으로 불려 온 탓에 사람들은 이 단어가 왜 문제가 되는지 잘 인식하지 못하지. 자, 이제 차분하게 이 단어에 대해 한번 살펴보자. '장갑' 앞에 붙은 '벙어리'라는 단어에서 뭔가 이상한 게 느껴지지? 맞아. 벙어리는 청각·언어 장애인에 대한 비하가 담긴 표현이야.

실제로 청각·언어 장애인들 중에는 "아이들과 겨울에 길거리 다닐 때 상점이나 가판대에서 '벙어리장갑'이라는 표현을 보면 얼른 눈길을 피하게 됩니다. 우리를 조롱하는 의미가 담겨 있는 것 같아서요."라고 말하는 이도 있다고 해. 또 친구들에게 "너는 벙어리라서 벙어리장갑 끼고 다니냐?"고 놀림과 조롱을 받는 경우도 있었다고 하고.

벙어리가 장애인을 비하하는 표현인 줄 몰랐다고? 아니면 '벙어리장갑'이 워낙 많이 쓰이는 단어라 문제가 된다는 것조차 몰랐다고? 그럴 수 있어. 하지만 이제 이 말이 왜 문제가 되는지 알았으니 앞으로는 조심해야겠지. 그런데 사람들은 벙어리장갑이라는 표현을 언제부터, 어떻게 해서 쓰게 된 걸까?

벙어리장갑을 가리키는 영 단어인 'mitten'도 말을 못한다는 의미의 'mute'와 큰 관련성이 없어 보여. 일부에서는 "언어 장애자는 성대와 혀가 붙어 있다."라는 잘못된 속설을 믿은 옛날 사람들이 네 개의 손가락이 하나로 붙어 있는 형태의 장갑을 보고 벙어리장갑이라고 부르기 시작했다고 보기도 하더라고. 어떤 배경에서든지 간에 이 단어가 장애인을 불편하게 하는 건 사실이니까 다른 말로 고쳐 쓰는 게 좋겠지?

⟦ 어느새 습관이 되어 버린 말들 ⟧

이와 관련해서 몇 년 전, 한 사회복지법인에서 벙어리장갑에 다른 이름을 붙이자는 캠페인을 한 바 있어. 2013년 시작된 이 캠페인은 언어를 순화해 장애인에 대한 사회적 인식까지 개선하자는 취지로 시작했다고 해. 많은 시민들이 캠페인에 참여했는데 그때 벙어리장갑을 대체할 단어가 선정됐어. 어떤 단어를 쓰기로 했는지 궁금하지?

일단 후보들로는 북한에서 사용하는 '통장갑', 엄지손가락만 보인다는 뜻에서 '엄지장갑' '손모아장갑' 등이 올라왔는데

이 중 '손모아장갑'이 선정됐어.

'엄지장갑' 역시 벙어리장갑의 대안으로 나온 단어야. 모은 네 손가락에 주목한 '손모아장갑'과 반대로 따로 떨어진 엄지를 강조한 거지. 이 단어는 청각 장애 어머니를 둔 한 남성이 대학생 시절에 낸 아이디어로 알려져 있어. 손모아장갑 또는 엄지장갑. 어때? 벙어리장갑 대신 더 멋지고 아름다운 의미의 단어들을 알게 된 거 같지?

사실 벙어리장갑이란 말을 쓸 때 일부러 장애인을 비하하고 조롱해야겠다는 생각을 한 사람이 몇이나 될까? 아마 무심코 이 말을 쓰는 경우가 대부분이었을 거야. 언어라는 게 자기도 모르는 새 일상 속에 자리를 잡고, 습관이 되어 버리기 때문에 때론 '낯설게 보기'를 하면서 면밀히 살펴볼 필요가 있음을 깨닫게 해 주는 사례지.

말 나온 김에 한번 점검을 같이해 보자. 벙어리, 장님, 절름발이, 결정 장애 같은 표현 자주 쓰는 친구 있어? 우리가 무심코 내뱉는 말 중에는 이런 장애인 비하 표현들이 참 많아. 이런 표현도 모두 고치도록 노력해야겠지. '벙어리'는 '언어 장애인', '장님'은 '시각 장애인', '절름발이'는 '지체 장애인' 등의 말들이 있다는 걸 기억하자. 아, 절름발이에 대해서는 다음 꼭지에서 조금 더 자세히 이야기를 나누려고 해.

누구를 비하하지 않고, 누구도 상처받지 않도록

　일상에서 자주 사용하는 관용 표현에도 누군가에게 상처를 줄 수 있는 표현들을 쉽게 찾아볼 수 있지. 관용 표현이란, 둘 이상의 낱말이 합쳐져 원래의 뜻과는 전혀 다른 새로운 뜻으로 굳어져서 쓰이는 표현을 말해. 특정 나라의 사회적·역사적·문화적 배경이 반영돼 마치 습관처럼 굳어져서 널리 사용되는 특수한 표현을 가리키지. 대표적인 관용 표현으로 '속담'이 있어. 하지만 아주 오랫동안 쓰였다고 해도 그 안에 좋지 않은 의미나 사회 구성원 누군가에게 상처를 주는 의미가 담겨 있다면 바꾸는 게 맞겠지.

　생각을 말로 표현하지 못하는 사람을 비유적으로 이르는 말인 '꿀 먹은 벙어리'가 대표적이야. 또한 전체적인 상황을 제대로 파악하지 못하는 사람을 일컫는 '눈뜬장님'도 장애인을 비하하는 관용 표현이지. 답답한 사정이 있어도 남에게 말하지 못하고 괴로워하는 상황을 말하는 '벙어리 냉가슴 앓듯', 일부만 가지고 전체를 말하는 어리석음을 뜻하는 '장님 코끼리 말하듯' 등도 일상에서 쓰지 말아야 할 표현들이야.

　사람들이 자기도 모르게 많이 쓰는 표현 중 '결정 장애'나 '선택 장애' 같은 표현도 문제가 있어. 이 말들은 뭔가를 선택

해야 하는 상황에서 선뜻 결정을 못하는 걸 장애로 표현하고 있지. 무심코 아무렇지 않게 내뱉는 이런 말들이 누군가에게는 칼날이 될 수 있을 거야.

다시 벙어리장갑에 대한 이야기를 해 볼까? 아직까지 우리나라 표준국어대사전에는 벙어리장갑이 표준어로 올라가 있어. 사전에서는 '벙어리'를 '언어 장애인을 낮잡아 이르는 말'이라고 적고 있지만 '벙어리장갑'에는 장애인을 낮춰 본다는 식의 표현이 적혀 있지 않아. 더 큰 문제는 공공기관 등은 공문서를 쓸 때 어문 규범에 맞춰 한글로 작성해야 하기 때문에 벙어리장갑이라는 표현을 합법적으로 사용할 수밖에 없다는 점이야. 우리가 일상에서 벙어리장갑이 아닌 '손모아장갑'이나 '엄지장갑'을 많이 써서 사회 전체가 이 말을 자연스럽게 받아들인다면, 그땐 사전에서도 이 말들을 보게 되지 않을까?

○○들 무시무시하잖아

나 어제 이태원 갔었는데 사람 엄청 많더라.

정말? 분위기 어땠어?

독특한 음식점들도 많고, 패셔니스타들도 엄청 많았어.

재밌었겠다. 근데 거기 흑형들 많아서 무섭지는 않았어? 진혁이 너 흑형들 보면 무섭다고 했잖아.

너무 그렇게 말하지 마, 착하고 순한 흑형들도 많거든.

친근감일까? 아니면, 비아냥일까?

서울 이태원에 다녀온 진혁이. 얼마나 재미있었는지 친구들을 만날 때마다 자랑을 늘어놓았다고 해. 그런데 두 사람 대화가 조금 이상하지? 이상하지 않다고? 혹시 여러분도 흑인을 '흑형'이나 '흑누나'라고 부르는 데 너무 익숙해진 거 아니야?

요즘 온라인상에서는 흑인을 흑형이나 흑누나라 부르는 친구들이 참 많지. 꼭 인터넷 세계가 아니어도 일상에서 흑인이 지나가면 "저 흑형 좀 봐."라고 친구에게 속삭여 본 경험이 있을지 모르겠다. "그저 흑인 형들이 덩치도 크고 멋져서 친근하게 부른 것뿐인데 그게 왜 문제가 된다는 거죠?" 하고 되묻는 친구들도 있겠다 싶어. 한번 생각해 봐. 말한 사람은 선한 의도로 내뱉었다고 해도 듣는 이 입장에서 기분이 나쁘다면, 어느 쪽 입장을 더 생각해 볼 필요가 있을까?

장난으로 던진 돌에 개구리가 죽는다는 이야기가 괜히 있는 게 아니잖아. 의도가 있어도 문제지만, 의도가 없어도 누군가의 기분을 상하게 했다면 그 말은 안 하는 게 맞겠지. 자, 흑형이라는 말과 관련해서는 한국 최초 흑인 혼혈 모델 한현민 씨 이야기를 들려주고 싶어. 지난 2017년 《BBC 뉴스코리아》 페이스북 페이지에 실린 인터뷰를 읽었는데, 그는 한국에서

겪어야 했던 고충들에 대해 이렇게 이야기를 했어.

"한국 사람들이 흑인을 보면 '흑형'이란 말을 정말 많이 씁니다. '흑형'이라는 말은 우리가 듣기에 억양이나 어감이 기분 나쁜데 그걸 모르고 쓰는 분이 많아요."

흑형이라는 표현은 어떤 배경에서 나온 걸까? '흑인 형아'의 줄임말인 흑형은 온라인상에서 흑인들이 운동도 잘하고 음악적 감각도 뛰어나다는 의미에서 생겨난 신조어로 알려져 있어. 특정 인종에 대한 비하가 아닌 장점을 칭찬한 건데 그게 왜 문제가 되느냐고?

칭찬을 담은 표현이지만 중요한 건 발화자, 즉 이 말을 한 여러분의 의도가 아니라 청자, 즉 듣는 흑인의 감정이야. 게다가 흑인이라고 누구나 운동을 잘하는 것도 아니고, 음악적 감수성이 풍부한 것도 아니거든. 결국 흑형, 흑누나란 표현 안에는 흑인에 대한 철저한 대상화, 타자화 시선이 전제돼 있지.

흑인 중에서도 다양한 사람들이 있을 텐데 왜 모든 흑인이 운동을 잘하고, 음악적 감수성이 풍부할 거라고 생각할까? 그리고 '황형' '백형'이란 말은 쓰지 않잖아. 흑인에게만 굳이 흑형이라는 말을 쓰는 것부터가 좀 이상하지. 우리 안에 흑인을 조금 다르게 바라보는 시각이 있는 건 아닐까?

뿌리 깊게 새겨진 인종차별

인종을 근거로 다른 이들을 차별하거나 차별하는 시선을 두고 '인종차별' 또는 '인종주의'라고 해. 나와 다른 인종은 나보다 못하다는 생각이 밑바탕에 깔려 있는 걸 말하지.

흑인에 대한 백인의 인종차별이 대표적이야. 미국은 민주주의가 가장 발달했다고 하지만 불과 150년 전까지만 해도 노예 제도가 엄연히 존재했어. 1800년대 미국 남부에 목화 사업이 급격히 발달하면서 일손이 부족해지자 농장 주인들은 노예 상인들을 통해 아프리카에서 흑인들을 노예로 데려오기 시작했어. 백인 대부분은 흑인들을 야만적인 인종이라고 생각했고, 노예로 부리는 것을 당연하다고 여겼기 때문에 죄책감을 느끼지 않았지. 노예 제도는 공식적으로는 1865년에 폐지됐지만 흑인에 대한 편견과 차별은 여전히 남아 있어. 흑인이 우리와 뭔가 다르다는 인식 말이지. 이런 인식은 미국뿐 아니라 세계 곳곳에서 볼 수 있어.

'정글에서 가장 멋진 원숭이(Coolest Monkey In The

Jungle)'. 세계적으로 잘 알려진 패스트패션 브랜드 가운데 하나인 H&M은 흑인 어린이 모델에 이런 인종차별적 문구가 쓰인 옷을 입혔다가 여론의 뭇매를 맞은 바 있어. 백인 어린이 모델한테는 똑같은 옷인데 '정글의 생존 전문가(Mangrove Jungle Survival Expert)'라고 적힌 옷을 입혔거든. 이러한 차별적 태도가 많은 사람을 화나게 했지. 흑인을 원숭이에 비유하는 건 전통적인 인종차별 방식이거든. 유명인들 중에 이 제품을 보이콧(Boycott)하는 이들도 있었어. 보이콧이란, 사회·정치적인 이유로 비롯된 일종의 항의 표현이야. 항의의 대상은 특정 개인부터 기업, 조직 및 국가 등 매우 다양해.

패션 분야의 인종차별 논란은 이뿐만이 아니야. 한 명품 브랜드는 검정 피부, 두꺼운 입술을 연상시키는 디자인의 티셔츠를 패션쇼에 선보여 논란이 되기도 했어.

눈에 보이는 게 전부가 아니므로

시대와 세대가 변하고 있지만 인종차별은 방식과 표현이 달라질 뿐 여전히 계속되고 있어. 최근에는 광고계에서도 인종차별 논란이 인 적이 있었어. 한 비누·샴푸 브랜드가 흑인 여성이 제품을 쓰고 나서 백인으로 변신했다는 내용의 광고였지. 중국에서는 흑인이 세제를 물고 세탁기에 들어가자 피부가 하얀 중국인으로 변했다는 광고가 논란이 되기도 했고.

얼마 전에는 일부 남미 선수들이 우리나라와의 축구 국가 대항전에서 '눈 찢기' 제스처로 동양인을 비하한 적도 있었어. 이러한 일 역시 심심치 않게 일어나는 게 사실이야. 같은 동양인으로서 정말 기분 나쁜 일이지. 흑인을 '흑형'이라고 부르거나 중국 음식을 시킬 때 '짱개'라고 말하는 언어 습관이 왜 문제인지 이해할 수 있겠지?

나와 다른 인종을 만났을 때 피부색이나 언어처럼 나와 다른 점이 먼저 눈에 띄는 건 사실일 거야. 하지만 그런 차이에 주목하기 전에, 공통점부터 찾아보는 노력을 하면 어떨까? 그 역시 사랑하는 가족과 친구, 취미, 장래희망 등이 있고 여러분과 다를 바 없는 인격체라는 사실을 기억했으면 해. 자, 이제 '흑형'이라는 말을 쓰는 대신, 상대의 진짜 이름을 부르는 습관부터 가져 보자. "현민이 형!" 이런 식으로 말이지.

그건 ○○○○ 정책에 불과합니다

한쪽으로 기울어진 기준

　한 학교에서 급식 먹는 순서와 관련해 학생들끼리 토론하는 자리가 마련됐어. 그런데 사회자가 말실수를 했지. 다음 날 학교 방송에서 사과를 했다는데, 대체 어떤 말 때문에 사과를 한 걸까? 만화 속 토론 내용을 살펴보면 걸리는 표현이 있지? 그래, 바로 '절름발이 정책'이라는 표현이야.

　절름발이란, 한쪽 다리가 짧거나 다쳐서 걷거나 뛸 때 몸이 한쪽으로 자꾸 가볍게 기우뚱거리는 사람을 낮잡아 이르는 말이야. '절름발이 정책'은 '균형을 이루지 못한 정책' '완전하지 못한 정책' '정상적이지 않은 정책'이라는 뜻의 관용 표현으로 신문이나 방송 등 미디어에서 많이 쓰이고 있지. 이 표현을 쓰는 이들은 '불균형' '불완전' '비정상'을 말하려는 의도에서 이 표현을 썼을 거야. 그런데 잘 생각해 보자. 절름발이를 불완전하고 비정상적이라고 말할 수 있는 기준은 뭘까? 그리고 절름발이가 아닌 사람을 정상이라고 말할 수 있는 근거가 있을까?

　사실 '정상인'이라는 표현을 쓸 때도 주의해야 해. 정상인은 비정상인이 있기 때문에 존재할 수 있는 말이니까. 마찬가지로 비정상인이라는 말은 정상인을 전제하기 때문에 존재할 수 있는 말이고. 그런데 여기에서도 역시 정상인과 비정상인을 가르는 기준이 뭘까? 한 예로 한쪽 다리가 짧거나 다쳐서 불편하면 비정상인이고, 그렇지 않으면 정상인인 걸까?

생물학적 관점에서는 장애가 있는 사람과 없는 사람이 모두 존재한다는 사실 자체를 정상적인 것으로 보기도 해. 생물학적으로 장애가 없는 사람만 존재하는 사회는 없거든. 장애가 없는 사람들로만 채워진 사회만을 정상이라고 본다면, 그것 자체가 우리 사회의 다양성을 훼손하는 태도지.

신체 어디라도 불편한 사람들을 '장애인'이라 한다면, 언젠가는 모든 사람이 장애인이 될 수밖에 없어. 나이가 들면 누구나 신체 기능과 인지 능력이 전보다 떨어질 수밖에 없으니까. 자, 이렇게 보면 장애인을 뭔가 부족하고 비정상이며 불완전한 존재로 바라보는 시각이 논리에 맞지 않다고 할 수 있겠지?

중립인 듯 중립 아닌 '비중립' 표현

우리 사회에서 장애인과 관련한 표현들이 여러 번 논란이 된 바 있어. 한때는 장애인을 '장애우(障碍友)'로 부르자는 목소리도 있었는데 장애인 관련 단체들에서 장애우가 아닌 장애인을 써야 한다고 캠페인을 벌이면서 지금은 많은 사람이 장애인이라는 표현을 쓰고 있지.

왜 그랬느냐고? 장애인 입장에서 장애우라는 표현을 들으면 차별받는 느낌을 받을 수 있기 때문이야. 장애인은 장애를 가진 사람이란 뜻의 중립적 표현이기는 하지만, 장애우는 비장애인의 입장에서 장애인을 다른 집단으로 보고 만든 비중립적 표현이거든. 더구나 이 말은 장애인 본인이 1인칭으로 사용하기 어려워. "저는 장애우입니다."라고 말할 경우, 자기 자신이 친구(友)라는 의미가 되잖아. 관점 자체가 장애인을 '대상'으로 보고 있지. "장애를 극복했습니다."처럼 장애를 인간이 이겨 내거나 재활이 필요한 대상처럼 표현하는 경우도 장애를 비하하는 표현일 수 있어.

각종 신문이나 텔레비전 뉴스 등 미디어에서도 장애인의 삶을 왜곡하는 표현을 할 때가 많아. 최근에는 래퍼들이 나오는 힙합 경연 프로그램을 보면서 고개를 갸웃한 적이 있었어. 래퍼들이 노래하다 가사를 까먹는 등의 실수를 했을 때 "절었어요." "가사를 절어서 망쳤어."라고 표현하더라고. "노래하는 중에 박자를 놓쳐 발음이 꼬였고, 그래서 노래를 완벽하게 하지 못했다."는 의미인 것 같은데 왜 굳이 '절었다.'는 표현을 쓴 걸까? 이 말이 '다리를 절다.'에서 나온 거라면 장애인 비하의 한 예로 볼 수 있겠지.

그럼 한국장애인인권포럼 장애인정책모니터링센터가 지적한 10대 종합일간지 속 장애인 비하 표현들을 살펴볼까? '휠체어 전용 좌석' '휠체어 장애인' 등은 사람이 아니라 보장구(보조기구)에 초점을 맞추고 있다는 지적을 받았어. 센터 측은 이런 경우, '휠체어 사용자석' '휠체어 이용자'로 순화해야 한다고 지적했지.

신문, 뉴스 등의 미디어를 보면 종종 "지체 장애로 휠체어에 의지하고 있습니다."라는 표현이 나오잖아. 이는 장애인을 휠체어라는 도구에 의지해 사는 사람으로 바라보는 표현이지. 센터 측은 장애인이 무기력하고 수동적인 존재가 아닌, 보장구를 주체적으로 이용한다는 뜻으로 "지체 장애로 휠체어를 이용하고 있습니다."로 순화해야 한다고 지적하기도 했어. 장애인이 보장구를 주체적으로 이용하는 존재라는 의미를 더하자는 거지.

장애인은 비정상이고 비장애인은 정상이라는, 기준도 없는 고정관념을 버려 보자. 그러면 고쳐 써야 할 표현들이 훨씬 많이 보일 거야.

장애인과 인종을 비하하는 말들

이런 말은 아파요!

나와 조금 다를 뿐인데, 상대를 낮춰 보거나 조롱하는 듯한 느낌의 표현을 쓰는 이들이 꽤 많지. 왜 그랬느냐고 물어보면 아마 많은 사람이 '잘 몰라서' '습관적으로' 쓰게 됐다고 말할 것 같아. 습관은 고칠 수 있잖아. 힘들더라도, 의식적으로 이런 표현을 안 쓰려고 노력하면 어때?

병신, 빙신, 애자

⇨ 장애인을 비하하는 대표적인 표현이야. 나도 모르게 일상적으로 이런 표현을 쓰고 있지는 않은지, 한번 되돌아봤으면 해.

쪽발이들, 양키놈들, 똥남아들

⇨ 각각 일본인, 백인, 동남아인을 비하하는 대표적인 표현이야. 여러분이 해외여행을 갔을 때 이런 비하 발언을 들었다면 기분이 어떨까? 입장 바꿔서 생각해 보자.

3장

이상한 정상 이름을 찾아서

남자니까, 여자니까, 어리니까, 나이가 많으니까……. 성별이나 나이에 따라

다른 사람을 규정하고, 옭아매는 표현들. 이런 표현들을 앞세운 근거 없는

주장 탓에 누군가의 가능성 그리고 꿈과 권리가 짓밟힌 건 아닐까?

이번 장에서는 일상에 뿌리내린 고정관념을 살펴보면서 '나답게' 살아가고

서로를 존중하기 위해 필요한 노력에 관해 이야기해 보자.

○○○이 이런 거
하나 번쩍 못 들고

여자답게? 남자답게? 누가 정한 걸까?

이사를 앞둔 정호네 집. 포장 이사를 하기로 했지만 엄마는 본인 손으로 그릇을 정리해 두고 싶어 정호에게 도와 달라고 부탁했어. 그릇 개수가 많기도 하고, 깨질까 봐 조심조심 하다 보니 정리하는 게 쉽지 않았지. 그래서인가 정호는 피곤이 쌓여 자기도 모른 새 잠이 들고 말았어. 그랬더니 평소 아들의 체력이 약하다는 걸 못마땅해하던 아빠가 한마디 하신 거지.

"사내놈이 비실비실해서 어디다 써. 계집애도 아니고."

정호 아빠의 말에는 우리 사회의 오랜 고정관념이 담겨 있어. 남성과 여성이 성별에 따라 서로 다른 특성과 능력을 갖고 있기 때문에 행동이나 태도도 달라야 하고, 일을 수행함에 있어서도 각각의 역할이 달라야 한다는 고정관념이지.

이를 두고 '성역할 고정관념'이라고 해. "남자니까 넓은 마음으로 이해해야지." "남자는 입이 무거워야지." "남자는 태어나서 딱 세 번 운다." "남자가 경제력이 있어야지." 기성세대 중에는 이런 식으로 남성에게 정해진 행동과 태도, 역할이 따로 있다고 규정하는 이들도 많아.

사실 우리 사회는 성별에 따른 고정관념이 유독 심한 편이기도 했어. 그런 탓에 남자아이한테는 대체로 로봇, 총, 자동차 장난감을 사 주고, 여자아이한테는 마론 인형, 가방, 머리핀 등을 사 주는 문화가 만연해 있었지.

남자아이가 울거나 나약하게 굴면 "뚝! 남자가 왜 울어!"라고 말하고, 여자아이가 너무 씩씩한 모습을 보이면 "여기 얌전히 있어야지!"라는 식으로 말하는 사람들도 많았어. 요컨대 성역할 고정관념에 따라 남성은 강인함, 적극성, 독립성을, 여성은 연약함과 온유함을 상징하고 그에 맞게 행동해야 한다고 강요하는 문화였다는 거지.

옷을 살 때도 마찬가지였어. 아이가 태어나면 남자아이한테는 파란색, 여자아이한테는 핑크색 옷을 사 주는 걸 당연하게 여겼지. 하지만 지금은 핫핑크 컬러나 레이스 장식이 달린 옷을 입는 남자들도 많아. 지난 2018년 여성복 패션 트렌드 중 하나는 남성 수트 느낌의 오버핏 재킷을 입는 거였어. 이렇게 성별 구분이 사라진 패션을 두고 '젠더리스 룩(Genderless Look)'이라고 부르기도 해.

다시 정호 아빠 이야기를 해 볼까? 정호 아빠의 생각은 그야말로 고정관념이고, 시대착오적인 관점이야. 정호 아빠의 말대로라면 남자들은 다 힘이 세야 하잖아. 하지만 모든 남자가 힘이 세고 건강한 건 아니지. 또한 여자들 중에도 힘이 세고 건강한 사람들이 얼마든지 있어. 힘이 세고 안 세고는 개인차일 뿐인데 굳이 성별에 따라 이를 구분할 필요는 없지.

고정관념 VS 고정관념

정호 아빠가 했던 말을 다시 잘 보면 '계집애=비실비실하다'는 고정관념도 숨어 있어. '계집애'는 '계집아이'의 줄임말로 여자아이를 낮잡아 부르는 말이야. 그리고 '비실비실'은 '힘이 없어서 자꾸 흐느적거리는 모양' 또는 '실없이 웃음을 흘리는 모양'을 나타내는 말이고.

두 말의 뜻을 헤아려 보면 정호 아빠의 말은 곧 '어린 여자애들은 힘이 없고, 실없이 웃음을 흘리고 다니는' 존재가 되는 거지. 그리고 정호 아빠의 머릿속에는 정호처럼 남자가 이런 태도를 보이면 뭔가 큰 문제가 된다는 식의 편견이 숨어 있기도 해.

"저녁이나 차려."

이런 말에도 굉장히 시대착오적인 생각이 담겨 있어.

과거에는 '바깥일은 남자가, 집안일은 여자가' 해야 한다는 성역할 고정관념이 공고하게 자리잡고 있었지. 하지만 요즘은 그렇지 않아. 통계청 자료를 보면 지난 2018년 우리나라에서 육아와 가사를 전담한 남성 인구는 사상 최대치인 17만 명이나 됐다고 해. 2003년 10만 6000명을 시작으로 2015년 15만 명, 2016년 16만 1000명으로 꾸준히 증가하고 있지. 이와 대조적으로 가사와 육아를 전담하는 여성의 수는 매년 줄어들고 있다고 해. 여성들의 집안일이 확연히 줄었다기보다는 결혼과 출산을 택하지 않는 여성 비율이 점점 많아져서인지도 몰라.

〚 '나답게' 살아가는 세상을 향해 〛

정호 아버지 말처럼 남성과 여성 각각 특성에 따라 해야 할 일이 정해져 있다면 지금 남성들이 진출한 직업 분야도 모두 부정돼야 해. 남성 항공 승무원을 예로 들어 볼게. 승무원은 비행기를 탄 고객들에게 여러 서비스를 제공하는 서비스 업무를 해야 해서 고도의 섬세함, 순발력 등이 요구되거든. 성역할 고정관념에 따르면 이 일은 여성에게 더 잘 맞는 일임에도 요즘은 많은 남성이 이 분야에 진출해 있지.

초등학교 교사도 마찬가지야. 초등학생에게 교육 프로그램을 제공하는 것은 물론이고 아이들을 매우 섬세하게 살펴야 하는 게 초등학교 교사의 일이야. 그래서 과거에는 여성이 해야 한다는 고정관념이 있었지. 하지만 요즘 학교 현장에 가 보면 남성 교사도 적지 않아.

성역할 고정관념에 따르면 마치 여성의 영역처럼 보이는 패션 분야에도 남성들이 진출해 있어. 패션 디자이너 분야나 패션 잡지 에디터 분야에서 뛰어난 실력을 인정받은 남성들도 많고. 자, 이쯤 되면 남성 또는 여성이라고 해서 그에 따른 능력이나 태도가 정해져 있지 않다는 걸 알겠지?

"사내놈이 사람들 앞에서 울고 난리야!"

이 말이 왜 문제가 되는지 알고 설명할 수 있다면 여러분은 이미 고정관념을 탈피한 사람이야.

○○니까
행동 조심해야지

일상에 단단히 박혀 버린 어떤 기준

친척들과의 가족 여행을 앞두고 맘에 드는 옷을 사 온 정현이. 그런데 옷이 짧다는 이유로 엄마와 다툼이 벌어졌어. 정현이는 "옷 입는 건 내 자유이고, 입는 내가 편하고 좋으면 된 거 아니냐."는 입장이야. 반면 엄마는 "친척 어른들 보기에 여자아이가 개방적으로 보이는 게 좋지 않다."는 생각이고.

어때? 정현이 엄마 머릿속에 "여자는 이래야 한다."는 성별 고정관념이 자리하고 있는 건 분명해 보이지? "사내놈이 비실비실해서 어디다 써. 계집애도 아니고." 이렇게 말했던 정호 아버지처럼 말이지. 개인의 특성은 무시한 채 "남성은 이래야 하고, 여성은 이래야 하고."라는 식으로 성별에 따라 천편일률적으로 행동과 태도의 기준을 들이대는 걸 '성역할 고정관념'이라고 한다는 건 알고 있지?

앞 장에서도 이야기했듯 성역할 고정관념은 여성을 순종적이고, 의존적인 존재라는 식으로 규정한 탓에 여성들을 억압하는 일종의 명분이 되어 왔어. 과거 아주 보수적인 가정에서는 남자들이 식사하는 큰 밥상, 여자들을 위한 작은 밥상이 따로 구분돼 있었다고 해.

1990년대 텔레비전 드라마를 다시 봐도 이런 장면이 심심치 않게 등장하지. 집안의 남자들은 큰 상에 여유롭게 둘러앉아 식사하는데, 늘 여자들은 남자들 밥을 먼저 차려 주는 거야. 남자들이 수저를 들고 먹기 시작하고서야 그 옆에 겨우 놓일 만한 작은 상에 여자들이 빼곡하게 모여 앉는 식이었지. 이제 좀 밥을 먹으려는데 "물!" 하고 아빠가 말하면 엄마는 반찬을 집으려다 말고 후닥닥 부엌으로 달려가 한달음에 물을 가져오기도 했지.

이런 문화가 하루아침에 생겨난 건 아닐 거야. 민주주의가 최초로 시작된 고대 그리스로 거슬러 올라가 보면 당시 여성은 집안일 돌보는 사람 정도의 취급을 받았다고 해. 한편 14~15세기 중세 유럽에서 여성은 미성년자와 마찬가지로 취급받기도 했어. 언제나 남성의 보호 아래 있어야만 했지. 여성은 결혼하기 전까지 아버지의 보호를 받았고, 결혼 후에는 남편, 그 후 남편이 죽었을 경우에는 아들의 보호를 받았어.

암탉이 울면 집안이 망한다고?

이는 우리나라도 마찬가지였어. 남자는 높고 귀하게 여기고 여자는 낮고 천하게 여긴다는 '남존여비(男尊女卑)' 사상이 최

절정이던 조선 중기로 가 볼까? 이 시대에는 아내가 내쫓김을 당할 수 있는 일곱 가지 사항을 적은 '칠거지악(七去之惡)', 여자가 지켜야 할 세 가지 도리를 말하는 '삼종지도(三從之道), 아내는 반드시 남편의 뜻을 좇아야 한다는 의미의 '여필종부(女必從夫)' 등의 관습이 있었어. 이뿐만이 아니야. 집안일에 대해 여자가 자기주장을 강하게 내세우면 재수가 없고, 여자는 집 밖 일에도 간섭하지 않는 걸 미덕으로 여겼지.

여성을 남성에게 종속된 존재, 남성보다 부족한 존재로 규정했던 보수적인 문화가 너무 깊숙하게 뿌리를 내린 탓일까? 아직도 우리 사회에선 여자가 자기 분야에서 뛰어난 능력을 발휘하면 이런 소리를 하는 사람들을 심심치 않게 만날 수 있어. 어떤 말이냐고?

"여자가 너무 기가 센 거 아냐?"
"여자가 너무 나대는 것 같아."

충분한 능력을 갖췄음에도 조직 안에서 여성이란 이유로 고위직으로 승진하지 못하는 여성 리더들도 많아. 참 보수적이지. 이를 '유리 천장(Glass Ceiling)'이라고 해. 현대 직장 여성들이 승진의 사다리를 오를 때마다 일정 단계에 이르면 부덮히게 되는, '보이지 않는 장벽'을 뜻하는 말이야.

정현이 엄마가 "짧은 치마를 입어선 안 된다."고 한 것도 매우 보수적인 시각에서 나온 말이라고 할 수 있어. "짧은 치마를 입으면 지나치게 개방적인 아이로 보일 거다. 사람들 중엔 그런 아이들을 쉽게 보는 이들도 있다. 나쁜 생각을 하며 짧은 치마를 입은 아이들에게 나쁜 짓을 하는 이들도 있을 거다. 그러니 애초에 짧은 치마는 안 입는 게 좋다. 여자는 그저 조신해 보이는 게 사건과 사고를 일으키지 않는 길이다." 약간 과장이 섞였을지 모르지만 정현이 엄마 머릿속엔 이런 생각들이 담겨 있을지도 몰라.

⟦ 모든 사람은 동등하다는 인식에서부터 ⟧

정현이 엄마 말 한마디에 너무 먼 역사 이야기까지 끄집어낸 건 좀 지나친 비약인 걸까? 근데 그렇지가 않아.

"여자니까 행동을 조심하는 게 당연하지."

이 말 속에는 "여자니까 자신이 먼저 몸가짐을 조심스럽고 얌전하게(조신하다) 해야 한다."는 생각이 담겨 있어. 여자가 자기주장을 내세우면 재수가 없다고 생각했던 조선시대와 별반 차이가 없어 보이지? 게다가 이런 식의 말들은 사고의 원인을 피해자한테 덧씌우는 그릇된 인식과 사고도 담겨 있어. 말 속엔 짧은 치마를 입은 여성한테 사고가 났을 경우, 그런 옷을 입은 피해자를 탓하는 태도가 들어가 있지.

　"너 밤길에 그런 차림으로 다녔다가 사고라고 나 봐. 누구 탓을 할 거야?"

　여성의 짧은 치마나 늦은 귀가, 짙은 화장, 만취 등으로 인해 예기치 않은 성범죄가 일어나기 쉽다고 생각하는 사람들이 있어. 하지만 이 역시 사실과는 거리가 멀어. 지난 2016년 한국형사정책연구원의 성범죄 원인 및 발생 환경 분석 자료를 보면 우발적인 범죄보다 20대 여성을 계획적으로 노린 성범죄가 가장 많은 것으로 나타난 바 있어. 성인 성범죄 중 계획적 성범죄는 67퍼센트로, 우발적 범죄(32퍼센트)의 2배나 됐어. 그러니까 범죄의 원인을 짧은 치마를 입은 피해자 탓으로 볼 수는 없다는 이야기지.

　여전히 우리 사회에는 여자니까 이래선 안 된다며 행동을 제약하는 말이 참 많지. "여자가 무슨 축구냐? 그러다 다친다." "여자가 뭐 그리 험한 일을 해." "여자면 얌전히 앉아나 있어라." "여자가 남편 내조를 잘해야 가정에 탈이 안 생긴다." 등등 찾아보면 수없이 많은 말들이 있어.

우리가 매일 접하는 텔레비전 뉴스나 신문에서도 남성 중심적 사고는 쉽게 찾아볼 수 있어. 남성, 여성 상관없이 누구나 할 수 있는 일임에도 '여기자' '여배우' '여교사' '여교수' 등으로 누군가의 직업 앞에 여성을 붙여 부르는 것도 사실상 남성 위주 문화라고 할 수 있지. '남기자' '남배우' '남교사' '남교수'라고 부르는 사람은 거의 없으니까. 실제로 한 배우는 이러한 발언을 한 적도 있어.

"현장의 꽃은 여배우라는 말이 있는데, 여배우는 왜 꽃이 되어야만 하나요? 여배우가 아닌 '배우'로 불리고 싶어요."

'개념 발언' '개념 배우' 등 많은 이들이 이 배우를 향해 응원과 지지를 보냈어. 그런데 이 일화를 들으면 마음 한편이 조금 씁쓸해지기도 해. 지극히 당연한 말인데 왜 우린 이제야 박수를 보내고 있을까? 전에는 왜 아무도 이런 말을 할 수 없었던 걸까? 아니, 어쩌면 오래전부터 누군가 외쳐 왔음에도 귀

기울여 듣는 사람이 없었던 건 아닐까?

다행히 요즘 학교 안팎에서 "성평등·성인지 교육이 필요하다."라는 목소리가 높아지고 있어. 성평등이란, '모든 개인은 인격, 존엄성, 가치와 기본권에서 동등하다.'는 만인평등사상에 기초해 불평등으로부터 야기된 차별과 억압을 극복해야 실현된다는 개념을 뜻하는 말이야. 자, 이제 여자들에게 여성이라는 이유만으로 "하지 말아라." "가만히 있어라." 등 행동을 제약하는 말을 하는 사람이 있다면 이렇게 말해 주자.

"당신은 '성평등' 가치관이 매우 낮은 사람이군요."

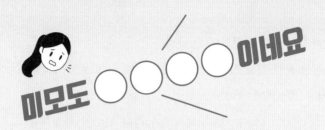

미모도 ○○○○ 이네요

오늘 축구 우리가 이겨야 할 텐데....
전반전에 한 골도 못 넣어서
좀 불안해.

냠

오늘 이겨서 메달 따고
다른 종목에서도 금메달 추가하면
순위 확 올라가겠지?

어어. 여자 쇼트트랙 경기에서
금메달 나와서 얼마나 다행이야.

맞아. 쇼트트랙 그 장면 봤어?
완전 감동이더라.

선수들 미모도 금메달이었어.
운동해서 그런가 날씬한 게
완전 명품 몸매더라.

맞아.

끄덕
끄덕

외모는 또 하나의 스펙이다?

스포츠를 좋아하는 친구 둘이 축구 경기를 보면서 나눈 대화야. 우리나라가 올림픽에서 금메달을 따고 상위권에 진입했으면 하는 바람이 담겨 있긴 한데 다소 불편한 표현들이 꽤 있지? 이 두 사람은 여자 운동선수를 외모로 평가하고 있어. "미모도 금메달." "날씬한 게 완전 명품 몸매더라."라니, 무척 거슬리는 표현들이지.

운동선수한테 가장 중요한 건 뭘까? 무엇보다 운동 실력이겠지. 그런데 언젠가부터 우리나라 신문에서는 기사 제목이나 내용에 '○○선수 미모도 금메달감' '○○선수 연예인보다 더한 명품 몸매로 해외 팬들 주목' 등의 표현을 쓰는 경우가 많아. 운동선수라면 그 선수의 실력에 주목하면 되는 건데 실력에 더해, 때론 실력은 뒤로 젖혀 두고 외모에만 주목하는 거지.

이렇게 사람들이 많이 접하는 미디어에서 미모를 강조하고, 어떤 미의 기준이 절대적인 양 말하다 보면 미모가 세상에서 가장 중요한 가치라는 인식이 자신도 모르게 사람들 머릿속에 자리 잡을 수 있어.

이를 두고 '외모 지상주의'라고 하지. 인생을 살아가거나 성공하는 데 외모를 제일 중요한 가치로 여기는 사고방식을 말해. 다른 말로 '루키즘(lookism)'이라고 부르기도 하지. 'look'과 'ism'을 합성한 말인데 윌리엄 새파이어라는 칼럼니스트가 2000년 미국 《뉴욕타임스》에 인종·성별·종교·이념 등에 이어 새롭게 등장한 차별 요소로 지목하는 칼럼을 쓰면서 주목을 받기 시작했다고 해.

잘 생각해 보면 '미모도 금메달감'이라는 표현은 참 어색하기 이를 데 없는 표현이야. '미모'란 아름다운 얼굴이나 모습을 뜻하는 말이야. '금메달'은 금으로 만들거나 금으로 도금한 메달을 뜻하는 말로, 주로 운동 경기나 그 밖의 각종 대회에서 우승한 사람에게 주는 상을 의미하지. '사람의 모습'을 뜻하는 말에 '경쟁에서 승리해 받는 상'이라는 말이 더해지자 '미모 경쟁에서 승리한 사람'이라는 의미가 됐어.

그런데 미모라는 게 금메달이 걸린 대회에서처럼 객관적으로 우열을 평가할 수 있는 걸까? 그렇진 않지. 아름다움과 예쁨의 기준은 사람마다 다르잖아.

"그럼 '미스코리아 대회'는 어떻게 되는 건데요?"

이러한 궁금증을 가질 수도 있어. 미스코리아 대회의 경우 여성에 대한 고정된 미의 기준을 강조하고, 성을 상품화했다는 이유로 비판하는 사람들이 많아. 그래서 '안티 미스코리아 운동'이 일어난 적도 있지. 여러 가지 논란과 비판의 중심에 놓였던 미스코리아 대회는 없어지지 않고 계속되고 있어. 대신 공중파 텔레비전에서 떠들썩하게 방송하던 과거와는 달리, 굳이 관심을 갖지 않는다면 대회를 했는지조차 모를 정도로 주목도가 떨어졌지.

가치 판단의 기준을 어디에 둘 것인가

이번엔 '명품 몸매'라는 표현에 대해 살펴보자. 몸매 역시 사람의 모습을 뜻하는 말이야. 이 말에 '뛰어난 물건'이라는 뜻의 '명품'이라는 단어가 붙었어. 어때? 왠지 사람의 몸을 물건처럼 여기는 것 같지? 게다가 '명품 몸매'라는 말 앞에 '날씬한 게'라는 표현이 붙은 것도 어색해. 이 맥락에 따르면 마치 날씬하지 않으면 가치가 없는 사람처럼 느껴지기 쉽지.

'베이글녀 ○○씨'
'명품 초콜릿 복근을 소유한 뇌섹남!'

이렇게 사람의 외모에만 방점을 찍고 평가하는 단어들은 미디어에서 흔히 발견할 수 있어. 각종 예능 프로그램을 보면 흔히 예쁘거나 잘생겼다고 알려진 연예인은 필요 이상의 자막과 특수 효과를 강조해 부각하지만 상대적으로 그렇지 않은 연예인한테는 인격적으로 모욕하고 조롱하는 사례도 많이 볼수 있지. 웃음을 자아내는 방송 요소라지만 마냥 마음 편히 웃을 수만은 없더라고.

미디어에서 이런 식의 외모 지상주의가 거대한 풍토로 자리를 잡으면서 우리 일상에서도 외모를 가치 판단의 기준으로 삼는 현상이 심화되는 것 같아. 한 예로 직장을 얻으려는 20~30대 취업 준비생들에게도 외모는 또 하나의 스펙이 된 지 오래라고 해. 외모 탓에 1차 서류 심사에서 탈락하는 경우도 있기 때문이지. 그래서 자기소개서에 사진을 붙이는 것부터가 외모에 대한 차별이라고 비판하는 사람들도 있어.

외모를 중시하는 건 결혼 문화에서도 마찬가지야. 어떤 결혼 정보 업체에는 이런 내부 기준이 있을 정도라고 해.

"키 165센티미터 이상, 안경 미착용자, 몸무게 50킬로그램 이하여야 최고 등급의 결혼 배우자감이 될 수 있습니다."

외모로 사람을 평가하거나 차별하는 일은 남성보다는 여성을 향하는 경우가 많아. "여자는 예쁘면 돼." "같은 여자라도 예뻐야!" 등 여성을 외모로 차별하는 발언들은 쉽게 만나 볼 수 있지. 왜 그런 걸까? 우리 사회가 그만큼 여성을 외모로만 평가해도 되는 존재로 아주 낮춰 보고 있었다는 의미 아닐까?

, 집에서
운전이나 할 것이지

여자라서, 여자이기 때문에 '원래' 못한다고?

오랜만에 나들이를 떠난 하영 씨 가족. 앞 차 운전자에 대한 남편의 한마디에 가족들 사이에는 냉기가 돌기 시작했어. 계속되는 경고에도 남편이 '김 여사'라는 말을 반복하자 하영 씨는 급기야 이렇게 화를 냈다고 해. "그런 말 자꾸 할 거면 차 돌려!"라고 말이지.

'김 여사'는 중년의 여성 운전자를 비하하는 말이야. 운전자가 여성인지 남성인지 확인도 안 한 채 운전에 서툰 사람만 보면 무조건 '김 여사'라고 부르는 이들도 있다고 해. 2012년에 화제가 된 '좌회전 김 여사' 사건도 그중 하나야. 당시 한 인터넷 커뮤니티 사이트에 '좌회전 김 여사'라는 제목으로 영상이 올라온 적이 있었거든. 영상을 보면 한 운전자가 중앙선을 침범해 불법 좌회전을 시도하는 모습이 담겨 있었어. 사람들은 이를 보고 '김 여사가 저지른 사고'라고 욕했지만 경찰 조사 결과 실제 운전자는 남성이었음이 밝혀졌어. 이렇게 우리 사회에 만연한 편견을 엿볼 수 있지.

"여성 운전자는 선천적으로 운전에 서투르다."
"여성 운전자는 자동차 정보나 교통 법규에 무지하다."

"여성 운전자는 교통사고를 낼 확률이 높다."

그런데 "여성들이 남성들보다 상대적으로 운전을 못하고, 사고도 많이 낸다."라는 말은 편견을 넘어 사실 관계 자체가 틀렸다고 해. 경찰이 교통사고 현황을 성별에 따라 분석하기 시작한 1976년 이래로, 여성 운전자가 남성보다 교통사고를 많이 낸 적은 한 번도 없었거든. 그리고 2013년부터 2015년까지의 교통사고 현황을 분석해 보니, 여성 운전자가 낸 교통사고는 전체 교통사고 건수의 20퍼센트를 넘긴 적이 없었다고 해. 그뿐만이 아니야. 여성 운전자가 교통사고를 내 사람이 사망한 경우도 전체 사망 건수의 12퍼센트를 초과한 적 없었지. 이런 사실에 비춰 보면 교통사고는 성별을 떠나 '운전에 서툰 사람들'이 내는 것이지 운전에 서툰 여성들이 내는 건 아니라는 게 분명해지지. 여성 운전자가 남성 운전자보다 그 수가 적어서 그런 게 아니냐고? 상대적인 비중도 다 고려한 분석 결과인걸.

그럼에도 여전히 "여성은 운전이 서툰 존재다."라는 고정관념 섞인 말을 자주 만나게 돼. 한 예로 광고를 한번 살펴볼까? 어느 자동차 회사는 신차를 출시하면서 여성을 주인공으로 등장시켰는데 "감각적이지만 운전은 서툰 나 같은 사람들을 위해!"여자니까 봐줍니다." 등의 카피를 썼다가 비난을 받은 적이 있어.

사회생활은 남성이, 집안일은 여성이 하는 게 일반적이었던 시절이 분명 있었어. 직장에 다니던 여성도 결혼을 하면 퇴직을 하고, '내조'라는 이름으로 남성의 사회생활을 뒷바라지하는 경우가 많았어. 하지만 지금은 수많은 여성이 사회에 진출하는 시대야. 결혼 후 출산한 이후에도 자기 일을 하는 여성들도 많아. "집에서 솥뚜껑 운전이나 해."라며 여성을 집에 있어야 하는 사람으로 규정할 시대는 더 이상 아니라는 이야기지.

게다가 이 말은 가사 노동을 비하하는 말이기도 해. 요리, 설거지, 청소 등을 '솥뚜껑 운전'이라는 말로 비하한 걸 넘어 그 뒤에 '~이나'라는 보조사까지 붙였어. 마치 선심 쓰듯 "너는 원래 이걸 하기에도 모자란 사람인데 이거라도 해라."라는 시선이 들어가 있지.

지속 가능한 변화로의 '고정관념 깨기'

천만 넘게 관객몰이를 한 영화 〈극한직업〉을 보면 초반부에 '김 여사'로 불리는 시민이 온라인상에서 '용감한 의인'으로 박수를 받는 장면이 나와. 범인으로 보이는 남성이 주인공 일행에게 쫓기던 중 도로 한복판에서 중년 여성의 차를 빼앗으려다 여성에게 저지당하는 장면이지. 만약 현실에서 중년 여성이 범죄자를 차 밖으로 끌어내지 못했다면 "김 여사라서 역시 서툴다. 남자 운전자였으면 잡았을 텐데……."라는 말이 나왔을 수도 있을 거야.

2019년 1월, 영국광고실행위원회(CAP)는 앞으로 영국 내 텔레비전과 라디오, 신문, 잡지는 물론 온라인과 SNS에서 성 역할과 성별 고정관념을 고착화하는 광고를 더는 내보낼 수 없게 금지시켰어. 그 예시를 보면 '기저귀를 잘 갈지 못하는 남성, 주차를 잘하지 못하는 여성' 등 특정 업무를 잘 해내지 못하는 것이 마치 성별의 차이 때문인 듯 암시하는 내용의 광고는 내보낼 수 없는 걸로 돼 있어.

이런 사실에 비춰 보면 "여성들은 운전이나 주차를 잘 못한다."는 고정관념이 우리나라에만 있었던 건 아닌가 봐. 다만, 선진국은 성별 고정관념이 담긴 광고에 문제가 있다는 사실을 발 빠르게 인식하고 변화를 실천하고 있다는 점이 우리와는 달라. 우리나라의 경우, '김 여사도 걱정 없이 운전할 수 있는 차'라며 자율주행차를 소개하는 기사가 참 많이 보이거든. 자율주행차는 운전자가 직접 조작하지 않아도 자동차 스스로 주행 환경을 인식해 목표 지점까지 달리는 차를 말하는데 말이지. 그마저도 여성 운전자는 운전을 어려워하고, 서툴 거라는 인식이 내재되어 있는 것 같아.

어디서부터 이 문제를 풀어야 할까? 일단 성별 고정관념을 고착화하는 미디어 속 문구부터 찾아내 보는 건 어떨까? 그리고 문제가 될 만한 광고를 만든 제작사나 기사를 쓴 기자한테 이메일 한 통 보내는 거지. 일상에서 이런 작은 시도라도 해 보면 어떨까?

이런 건 ○○가 해야지

입사 후 오늘이 첫 회식이니까, 나이 공개 좀 할까?

김 대리! 에이, 뭘 그런 걸 물어보나?

자자, 참고로 나는 빠른 92. 같은 92라도 봐주는 거 없이 후배 취급한다!

스―윽

일단 메뉴부터 고르자고 음···. 거기, 김은수 씨가 제일 막내 같은데?

네, 저요?

눈치가 빨라야 예쁨받는 거 모르나? 얼른 메뉴판 좀 가져와.

까딱 까딱

사양합니다, 무턱대고 나이부터 까라는 말

한 기업에서 직원들을 새로 뽑은 후 마련한 축하 회식 자리. 한 대리가 돌아가며 나이를 말해 보라고 하자 살짝 어색한 분위기가 감돌았어. 얘기를 나누던 중 자연스럽게 서로 나이를 밝히게 되는 상황이라면 모를까, 저렇게 정색하고 순서대로 나이를 밝히라고 하니 분위기가 어색해질 수밖에. 게다가 나이 밝히기를 요구한 사람은 "같은 해 태어났어도 나보다 조금이라도 늦게 태어났으면 후배 취급할 거야."라는 말까지 덧붙이면서 '난 너희보다 선배야.'를 대놓고 강조하고 있어. 그뿐인가? "뭘 그렇게 대놓고 물어보니?"라는 식으로 말했던 사람도 말실수를 했어. 어떤 부분이 그런 걸까? "제일 막내 같은데 메뉴판 가져와. 그래야 예쁨받지."라고 말했잖아.

"어리니까 네가 좀 해야지."
"이런 건 막내들이 해야 하는 거 아닌가?"

여러분도 이런 말 들어 본 적 있어? 학교에서는 동갑내기 친구들하고 한 반에서 생활하며 지내니까 그런 경험이 별로 없겠지만, 대학을 다니거나 사회에 나오면 이런 말을 들을 일이 많아질 수 있어. 사실 텔레비전 예능 프로그램만 봐도 나이로 서열 정하는 장면을 흔치 않게 볼 수 있지. 동갑임에도 "나는 빠른 86인데……." 같은 말로 '빠른' '늦은'까지 구분하며 자기보다 조금이라도 더 어린 사람이 누구인지 찾는 일도 자주 일어나.

'장유유서(長幼有序)'의 유교 전통이 남아 있기 때문인 걸까? '장유유서'는 '어른과 아이 사이에는 차례와 질서가 있어야 한다.'라는 유교의 다섯 가지 인륜 중 하나지. 이런 가치관의 영향 때문인지 오래전부터 우리나라에서는 자기보다 조금이라도 나이가 많은 사람이 있다면 그를 예우해 주는 문화가 있었어. 상대적으로 나이가 많은 사람이 있으면 상석에 앉게 배려하고, 그에게 존댓말을 쓰잖아. 반대로 어린 사람이 나이가 많은 사람에게 반말이라도 썼다간 "어린 게 버릇 없이 어디서 반말이냐?" 소리를 듣기 쉽지.

어리다고, 나이가 적다고, 그래도 그건 좀……

문제는 이렇게 나이에 따라 상대를 예우해 주는 문화가 군대식 권위주의의 상징인 '상명하복(上命下服)' 개념과 만나면서부터 시작돼. '상명하복'이란 '상관이 명령하면 하관은 복종한다.'는 뜻이야. 어떤 결정을 내릴 때 아랫사람이 윗사람 결정에 대해 반론을 제기하지 못한다거나 하는 상황이 대표적이지.

이런 사회적 풍토 자체도 일종의 차별 문화라고 볼 수 있어. 생각해 보면 어리다고 일을 더 해야 한다거나 나이 든 사람들의 제안을 모두 받아들여야 하는 건 아니거든. 본인들이 할 수 있는데도 나이 어린 사람들에게 사소한 심부름을 시키는 윗사람들도 많아. "커피 좀 가져와." "수저는 젊은 사람이 좀 놔야지." 등의 요구가 대표적이지. 사실 나이가 들었다고 해서 못할 일도 아닌데, 우리 사회에서는 당연히 젊은 사람이 해야 하는 일인 것처럼 되었어.

외국 사람들은 종종 우리나라에서 나이를 중시하는 문화를 접하고선 "이해할 수 없다."는 반응을 보이기도 해. 〈비정상회담〉이라는 텔레비전 프로그램에서 한 터키인은 "한국에서 쌍둥이 사이에도 형, 동생이 있던데 이해할 수 없어요."라고 말을 한 적도 있어. 해외에는 나이에 상관없이 서로 친구로 동등하게 지내는 문화가 있거든. 그런 문화권 사람들 눈으로 볼 때 겨우 나이 한 살 많고 적은 걸 갖고 서열을 만들어 두는 우리나라 문화가 낯설 수도 있을 거야.

"막내가 좀 해라."

　이 말이 상대에게 엄청나게 상처를 주는 차별 발언은 아닐
수 있어. "뭐 그런 말 갖고 예민하게 반응을 하지?"라고 되묻
는 이들도 있을 수 있겠고. 하지만 나이가 어리다는 이유로 일
상 속 차별을 당연하게 여기기 시작하면 이런 차별이 점점 쌓
여 가면서 갈등이 커질 수도 있어. 공동체 안에서 생겨나는 갈
등은 의외로 사소한 데서 시작되는 경우가 많거든.

　어리다고 해서 귀찮은 일을 손윗사람 대신 해야 한다거나,
더 나이 많은 사람들의 뒤처리를 해 줘야 한다는 법은 없다는
점, 반드시 알아 두자. 어리다는 이유로 그런 일을 대신 해야
할 필요도 없고, 좀 더 나이가 많다고 해서 그런 행동을 요구
해도 될 권리는 누구에게도 없으니까.

성에 대한 편견이 담긴 말

이런 말은 아파요!

* 따박!

'여자라서' 또는 '남자라서'라는 표현, 참 많은 이들이 일상적으로 쓰는 거 알아? 더해서 좋을 게 있고, 더해서 나쁠 게 있지. 이렇게 성별을 구분 짓는 표현은 더해서 나쁜 표현 중 하나야. 신문이나 잡지, 책 속에서 반드시 빼야 하는 '성별 관련 표현'에 과감하게 '삭제' 표시를 해 보자!

'여성 총리 탄생!' '여류 작가들 한자리에'

⇨ 굳이 여성이나 여류라는 말로 성별을 불필요하게 강조할 필요가 있을 까? 그냥 '총리', '작가'라고 말해도 될 텐데.

현모양처, 미망인, 처녀작

⇨ 성차별적인 이데올로기를 담은 말들이야. 처녀작은 첫 작품, 미망인 은 고(故) 아무개의 부인이라고 고쳐 쓰면 어떨까?

4장

세상의 중심은 이미 정해져 있을까?

어떤 대학을 졸업했는지, 어느 지역에 있는 무슨 아파트에 사는지를 중요하게 생각하는 사람들이 있지. 누군가 졸업한 대학, 사는 지역과 집의 유형 및 규모가 그 사람을 다 말해 줄 수 있을까? 이런 것들로 사람들을 '더 나은 사람'과 '더 못한 사람'으로 구분해도 될까? 차별과 혐오를 담은 편견의 언어를 통해 '어떻게' 살아야 하는지 함께 궁리해 보자.

전학 온 애 ○○ 라며

딸, 전학 온 수환이랑 친해?
걔 '임거'던데 몰랐어?

그게 뭐가 문제야?
친하면 안 되는 거야?

애 좀 봐, 뭐가 문제긴!
형편 좋은 애들도 있는데
하필 왜 그런 애랑……

절레-절레

헐!! 엄마,
나도 초등학교 2학년 때까지
빌라 산다고 벌거 소리 들었던 거
몰라?

큰일 날 소리를 하네.
너, 어디서 그런 말 하지 마.
이 동네 사람들은 우리 힘들었던거
전혀 몰라.

쉿!

너, 어디 살아?

지난 2016년이었던 것 같아. 한참 '임거' '휴거'라는 말이 신문을 가득 메웠지. 풀어쓰면 '임대 아파트 거지' '휴먼시아 (공공 임대 아파트 브랜드명) 거지'라는 뜻이야. 아파트에 왜 '거지'라는 말이 붙었을까? 다른 아파트에 비해 집값이 싸서? 아마도 이렇게 짐작해 볼 수 있겠지.

자, 먼저 우리에게 집이 어떤 의미인지부터 함께 생각해 보자. 여러분은 집에서 뭘 해? 가족들과 어울려 쉬고 먹고 자고……. 쉽게 말해 집은 의식주를 해결하는 공간이지. 그런데 요즘 시대에 집은 단순히 의식주를 해결하는 공간을 넘어 계급을 상징하는 공간이 된 지 오래야. 심지어 어느 지역에 있는, 어떤 아파트에 사느냐에 따라 사람을 평가하는 이들도 있어. "집값이 비싸다는 ○○동에 살고, 그 동네에서도 가장 브랜드가 유명한 아파트에 사니까 그 사람은 굉장히 성실하고 좋은 사람일 거야." 이런 식으로 말이지.

물론 ○○동, 브랜드 아파트에 사는 사람이 성실하지 않고 나쁜 사람일 거라는 말은 아니야. 다만, 그 사람을 성실하고 좋은 사람으로 보는 이유가 "땅값이 비싸고, 유명한 아파트에 살기 때문."이라는 시각은 분명히 문제가 있어. 집(돈)으로 어떤 사람의 태도나 인격을 평가하는 거니까. 이런 기준이라면 재벌은 모두 착하고 성실한 사람들이겠지. 가난한 사람들은 모두 나쁘고, 불성실한 사람들이겠고. 여러분도 학교 안에서 다양한 친구들을 만나 봤겠지만 이 공식이 안 맞는다는 것쯤은 알고 있겠지?

'미천한' 너와는 다르다는 위태로운 경계

'임거' '휴거'라는 단어를 쓰는 사람들 심리에는 일종의 '배금주의'가 깔려 있다고 볼 수 있어. 배금주의 한자를 살펴보면 '숭배할 배(拜)' '돈 금(金)' '주인 주(主)' '옳을 의(義)' 자를 써. 돈이나 돈의 힘을 가장 소중한 것으로 여기어 그것을 받들고 숭배하고 집착하는 태도를 말하지. 다른 말로 황금만능주의 또는 물질만능주의라고 부르기도 해. 배금주의에 빠진 사람들은 돈이 곧 최고라고 생각하기 때문에 상대적으로 가난한 사람들을 낮춰 볼 수 있지. 더 나아가 이런 생각도 할 수 있어.

'저 사람은 우리와 같은 급이 아니야.'
'돈이 없으니 교양이 없을 거야.'

더 깊은 속내를 들여다볼까? 아마도 이 사람들 마음속 깊은 곳에는 '나는 임대 주택에 사는 당신들과 달라.'라는 마음이 있을 수도 있을 거야. "개 '휴거'라며?"라고 말하면서 "나는 '휴거'에 사는 사람들과는 달라."라는 구분 짓기를 하고, 그 속에서 심리적 만족감을 얻는 거지.

그런데 여러분 얼굴이 각자 다 다르듯 우리 사회에는 참 다양한 형편의 사람들이 살고 있잖아. 평수가 큰 집에 사는 사람도 있고, 평수가 작은 집에 사는 사람도 있지. 분양 아파트에 사는 사람도 있지만 임대 아파트나 빌라에 사는 사람도 있을 거고 말이야. 또한 성냥갑 같은 아파트가 답답해서 주택을 선호하는 사람도 있고. 이렇게 다양한 사람들이 사는 세상에서 경제적 조건으로 구분 짓기를 하고, 상대를 낮춰 보다 보면 사이에 벽만 생길 거야. 이런 게 쌓이고 쌓이면 일종의 사회 갈등이 일어날 수도 있지.

실제로 이런 사회 갈등이 일어난 적이 있었어. 2003년부터 정부는 거주 공간에 따른 차별을 방지하기 위해서 '소셜 믹스'(Social Mix)라는 운동을 시작했어. 말 그대로 '사회적 통합' 운동으로 아파트 단지 내에 분양 가구, 임대 가구 등 사회적·경제적 배경이 다른 주민들이 어울려 살자는 취지의 운동이었지. 하지만 그 취지와 달리 실제로 소셜 믹스 운동은 현장에서 좋은 반응을 얻지 못했어. 한 아파트 단지인데 분양 동과 임대 동 사이에 둘을 구분하는 언덕을 쌓은 곳도 있었거든. 참 씁쓸한 일이지.

서로 다른 상황과 생각을 나누는 법

초등학교를 사이에 두고 거주 공간에 따라 사람을 차별하는 일도 있었어. 몇 년 전 경기도의 한 신도시에서 일어난 일인데, 초등학교를 사이에 두고 양옆 아파트 단지에 길목이 하나 있었나 봐. 그런데 한쪽 아파트 단지에서 조합원 아파트 단지 때문에 자신들 집값이 떨어진다며 상대편에 온갖 항의와 비난을 쏟아부었지. 그리고 결국 시청에 청원까지 올렸다고 해. 마치 비싼 브랜드 아파트에 사는 사람들이 그 앞에 있는 임대 아파트 사람들에게 "당신들 때문에 집값도 떨어지고 이미지도 안 좋아진다."고 말한 것과 비슷한 상황이지.

여러분이 시청 측이라면 어떻게 했을 것 같아? 말도 안 되는 청원이라 그냥 무시했을 것 같다고? 음…… 그랬으면 좋았겠지만 시청 측은 청원을 올린 사람들 손을 들어줬어. 청원을 접수한 시청은 이미 뚫린 길을 막아 버렸고 그 길로 학교를 다니던 조합원 아파트 아이들은 바로 눈앞에 학교를 두고도 빙빙 돌아 등교를 해야 했지.

우리 사는 사회에는 이런 사람, 저런 사람 정말 각기 다른 모습과 형편의 사람들이 모여서 살고 있어. 그런데 이렇게 집 하나를 두고 마치 귀족과 거지로 나누듯 구분을 해 버리면 대화와 소통은커녕 갈등만 커질 거야.

이런 일들과 관련해 여러분이 할 수 있는 일은 뭘까? 평소 별생각 없이 써 왔던 말부터 바꿔 보기 시작하면 어떨까? 시간이 걸릴 수 있지만 말이 바뀌면 문화가 바뀔 수도 있거든. 그래서 제안하고 싶어. 혹시라도 부모님이 '임거 수환이'라고 하시면 '친구 수환이'로 고쳐 달라고 말씀드려 보는 거야.

○○○ 갈 바엔
재수해야 해

너 중간고사가 코앞인데,
맨날 친구들하고
놀러만 다니니?

다녀왔어요.

아니야. 애들하고 독서실 갔다 오는
길에 잠깐 놀다 온 거야.

지금 놀 시간이 어디 있어.
너 그러다 지잡대 갈래?

뭐? 지잡대? 엄마,
그건 말은 또 어디서 들었어?

학부모 커뮤니티에 가 보니 많이들 쓰던데.
지잡대생은 대학생으로 쳐 주지도 않는다더라.
지잡대 갈 성적 나오면 재수해야 하니까,
정신 차리고 제대로 좀 해!

으-악!

따 다다다

〔 '인서울' 아니면 이미 인생의 실패자? 〕

한 엄마와 아들이 나눈 대화야. 아들은 엄마가 '지잡대'라는 말을 쓴 걸 보고 많이 실망했지. 초등학교 때까지만 해도 엄마는 "학벌을 두고 사람을 차별해선 안 돼."라고 말씀하시곤 했어. 그런데 언제부터인가 엄마는 자주 이런 말을 하기 시작했지. "단순히 지방에 있는 대학을 비하하는 게 아니야. 우리 아들이 그런 학교 가게 될까 봐 걱정되는 거지."라고.

혹시 '지잡대'라는 말을 들어 본 적 있어? 멀리서 찾을 것도 없을 거야. 2019년 초에 방영되어 큰 인기와 화제를 모았던 드라마 〈SKY캐슬〉에서도 이 말이 나온 바 있어.

선짓국집 딸로 태어나 과거를 숨긴 채 살아가는 전업주부 한서진에게 딸들의 성공은 곧 자신의 존재를 인정받는 길. 서울대 의대 진학으로 3대째 의사 집안이라는 위업을 달성해야만 비로소 시어머니에게 제대로 된 며느리로 받아들여질 수 있기 때문이야. 그런 서진 앞에 나타난 고교 동창 이수임은 서진의 심기를 불편하게 만드는 존재였어. 사교육 한번 받지 않은 수임의 아들이 자신의 딸과 공동으로 고교 수석 입학생으로 이름을 올리게 된 것도 모자라, 수임의 남편인 황치영 또한 지방 의대 출신임에도 자신의 남편과 척추관절센터 센터장을 놓고 경쟁하게 됐으니까. 〈SKY캐슬〉에 등장하는 사람들은 수임의 남편 치영이 나온 대학을 두고 이렇게 비하해, '지잡대'라고.

이 드라마 속에 나오는 인물 대다수는 '학벌(學閥)'을 매우 중요하게 여기지. 학벌은 학문을 닦아서 얻게 된 사회적 지위나 신분 그리고 출신 학교의 사회적 지위나 등급 등을 뜻하는 말이야. 우리 사회는 어떤 사람이 무슨 대학 나왔는지를 매우 중요하게 여기는 '학벌주의'가 심한 편이야. 지잡대라는 표현 역시 이러한 학벌주의에서 비롯됐다고 봐도 돼.

지잡대의 뜻을 좀 더 살펴보자. 이는 '지역에 소재하는 듣도 보도 못한 잡스러운 대학'의 줄임말이야. 언제 이 말이 등장했는지는 정확하지 않지만 대략 2000년대 중반 이후, 입시 관련 온라인 커뮤니티 등에서 사용하기 시작한 것으로 알려져 있어. 이 말에는 서울 및 수도권이 아닌 지역의 대학에 다니는 학생들을 비하하는 의미가 담겨 있어. 비슷한 예로 20~30년 전에는 '똥통 학교'라는 표현이 있었지. 대학마다 각자 이름이 엄연히 있는데 특정 지역에 소재한다는 이유만으로 '잡스러운 대학'으로 묶어 불리는 이유는 뭘까?

대안이 생기면 또 다른 차별도 생겨난다?

이 단어가 왜 등장했는지를 알려면 우리나라 입시 그리고 취업 문화를 먼저 이해할 필요가 있어. 우리나라 대학은 매우 촘촘하게 서열화가 돼 있어. 전국 4년제 대학을 입학 성적순으로 줄 세워 놓고 그 첫 글자를 따서 '서고연 서성한중경외시'라고 부르는 것만 봐도 알 수 있지. 이 표현은 각종 입시 사이트, 사교육 시장, 학교, 심지어 언론에서도 흔히 쓸 정도지. 자신이 가고 싶은 학과가 아니어도 저 서열상 앞선 학교라면 무조건 원서를 넣고 보는 학생들도 많아.

이런 대학 서열은 취업에서도 이어 적용이 돼. 그동안 기업들은 입사 평가를 할 때 대학별로 차등하여 점수를 주는 등 출신 대학에 따른 차별을 해 왔어. 그래서 위에 언급되지 않은 지방 소재 대학은 어느새 '낙오자가 다니는 대학' '공부 못하는 아이들이 다니는 대학' 소리를 듣게 됐지. 과거에는 지방에 있는 대학 중에서도 특성화된 학과가 있는 대학들은 학생들이 진학하고 싶어 하는 학교로 손꼽혔었지만 이젠 그런 현상도 점점 사라지는 분위기야.

어느 대학에 다니느냐에 따라 사람을 차별하는 건 참 불합리한 일이야. 학생들을 평가하는 시험이 암기식이었던 과거와 달리 다양한 방식으로 많이 나아졌다고는 하지만 여전히 우리 문화에서 학생 개인이 받은 점수는 온전히 그 학생의 노력만으로 얻은 거라고 보긴 어렵거든. 집이 부유한 친구들은 사교육의 집중 지원을 받아 그만큼 시험 준비를 더 잘할 수 있기 때문이지.

반면 상대적으로 형편이 어려운 친구들은 아무리 열심히 공부해도 사교육 도움을 받기 힘들기 때문에 받을 수 있는 성적에 한계가 있을 수밖에 없어. 애초부터 출발점이 다르니 불공평한 경쟁인 셈이지.

대학들은 성적에 따라 줄 세우는 데서 벗어나 다양한 방법으로 인재를 뽑으려는 시도로 전형을 다양화하기도 했어. 하지만 그렇게 되자 같은 대학에 다니는데도 어떤 전형으로 입학했는지에 따라 또 다른 차별 문화가 등장하기 시작했어. 농어촌 전형이 포함되는 지역균형선발전형에 '벌레 충(蟲)' 자를 붙여 '지균충'이라고 부르거나 조치원에 있는 고려대 캠퍼스와 원주에 있는 연세대 캠퍼스를 각각 '조려대'와 '원세대'라고 부르는 것들이 그런 사례지. 보다 공정한 경쟁을 할 수 있도록 나름의 대안과 최선이 하나둘 생겨나는데 결국 또 다른 차별을 낳고 있는 현실인 거야.

경쟁의 대상이 아니라 함께 걸어가는 친구로

이런 말을 하는 이들 마음에는 "우리는 저 친구들보다 더 죽도록 열심히 공부해 이 대학에 들어왔는데 똑같은 대접을 받는 건 억울하잖아요."라는 생각이 있을 수 있어. 그런데 '죽도록 열심히' 공부해서가 아니라 '즐겁게' 공부해서 진학했더라도 같은 반응을 보였을까? 만약 그랬다면 지역균형선발전형 등으로 대학에 온 친구들에 대해 '나와 조금 다른 전형으로 들어왔지만 함께 공부하고, 비슷한 진로를 함께 꿈꿔 가는 친구들'로 여기게 되지 않았을까?

이런 식의 비하 발언들을 만들어 내는 건 어디에서 그 원인을 찾아야 할까? 여러분 자신과 친구들을 함께 공부하는 동료가 아닌, 무조건 싸워 이겨야 하는 적으로 만들어 버린 교육 시스템과 사회 문화 탓도 커. 그렇다고 해서 마냥 사회나 교육 시스템 탓만 할 수는 없겠지. 일상에서 친구를 경쟁자가 아닌 동반자로 바라보고, 누군가를 성적이나 대학 간판이 아닌 그 사람 자체로 보는 마음의 눈을 좀 더 크게 떠 보면 어떨까? '스카이' 또는 '지잡대' 등 말 하나만 고쳐도 우리가 사는 세상은 많이 달라질 거야.

주제에
말이 많네

지난주에 전학 온 애 봤어?

어, 알아 키 크고 피부 까무잡잡한 애?

딱 봐도 별로지 않냐? 자기 소개할 때 보니까 지방에서 왔더라고.

그게 왜? 지방에서 와서 싫은거야?

?!

아니, 촌뜨기 주제에 무지 나대더라고. 짜증 나. 따 시키고 싶어.

야, 그런 소리 말아. 너희 아빠랑 우리 아빠 친한 이유가 고향이 같아서 잖아. 네 말대로라면 너는 지방 촌뜨기 출신의 아들인 거야.

어느 지역 출신이야?

상혁이네 학교에 거제에서 전학 온 민준이에 대해 이런저런 이야기가 많이 돌고 있어. 다른 친구들보다 키가 커서 눈에 띄기도 하고, 성격도 명랑해서 벌써 다른 반 친구들까지 인사를 나눈 경우도 많았거든. 근데 상혁이는 이 친구가 자꾸 마음에 안 드나 봐. 상혁이는 서울에서 태어나 줄곧 서울에서만 자라서 그런지, 거제에서 온 민준이를 보면 특별한 이유 없이 거리감이 느껴졌어. 민준이를 바라볼 때마다 이런 평가를 하게 됐지.

'촌스러워. 왠지 무식한 것 같아.'

촌뜨기는 '촌사람'을 낮잡아 부르는 표현이야. 우리 문학 작품에서 '만만한 사람'이나 '어수룩한 사람'을 표현할 때 '촌뜨기 같아서'라고 표현하는 경우도 종종 있지. 그런데 저렇게 현실에서 "지방에서 온 촌뜨기 주제에."라고 말하면 상대 마음이 어떨까? 나를 무시하고 비하하고 있다는 게 단번에 읽히겠지? 게다가 상혁이 말에는 "나대서 짜증 나. 따 시키고 싶어."라는 표현도 있어. 역시 상대를 낮춰 보는 시각이 보이지. 전체적으로 보면 "지방에서 온 친구이기 때문에 마음에 안 들고, 무시하고 괴롭혀도 될 것 같다."는 의미로 읽히지.

사실 우리나라 사람들은 수도 서울을 중심으로 다른 지역에 대해선 상대적으로 낮춰 보는 경향이 은근히 있어. 자신이 사는 곳에 대해 자부심을 갖는 건 좋지만 그렇다고 다른 지역 사람을 낮춰 보는 건 좋은 태도가 아니지. 우리 속담 중에 이런 말을 들어 본 적이 있어?

"사람을 낳으면 서울로 보내고, 말을 낳으면 제주도로 보내라."

한국 역사에서 수도이자 중심 도시인 서울은 그만큼 큰 의미가 있었지. 그런데 서울에 대한 의미 부여가 과도해지다 보니 다른 지역은 마치 뭔가 부족한 곳으로 여겨지기 쉬웠어. 서울 바깥에 살았던 기성세대 중에는 "나는 시골에서 농사지으며 살았지만 자식은 공부시켜 서울로 보내겠다."라는 목표를 가진 분들도 많았지. 아마 상혁이 역시 "서울에 사는 게 최고다." "서울 사람으로서 자부심을 가져야 한다."는 말을 많이 듣고 자라오지 않았을까 싶어.

서울, 서울, 서울······ 기승전 서울

그래서일까? 한국의 젊은 세대들은 어떻게든 서울에 있는 대학을 나와 서울에 있는 직장에 다녀야 성공했다고 생각하는 경향도 강한 것 같아. 서울에서 조금이라도 거리가 멀어지면 마치 후진 곳이라고 생각하는 문화가 자리를 잡은 것 같기도 해. '시골 촌뜨기'라는 말 속에는 상대적으로 서울을 치켜세우는 의미가 들어 있는데, 이와 관련해 '서울 중심주의'를 문제 삼는 이들도 많아.

서울 중심주의를 보여 주는 대표적인 표현이 뭔지 알아? "명절에 시골 내려가?"라는 말이야. 현재 서울에 사는 사람한 테 명절 때 다른 지역에 있는 고향에 가는지를 물어볼 때 이렇게 묻는 경우가 많지. 이 표현은 서울을 중심에 두고 다른 지역을 바라보는 시각이 담긴 표현이야. 생각해 보면 상대의 고향이 서울보다 위도가 높은 지역일 수도 있는 일이잖아. 이처럼 무조건 "(서울에서 그곳으로) 내려간다."라고 하거나, 수도권 이외의 지역을 시골이라고 부르는 건 우리도 모르게 머릿속에 자리한 서울 중심주의를 발견하게 해 주는 언어 표현이지.

물론 이런 표현들을 싸잡아서 비판할 일만은 아닐 수도 있어. 우리 생활의 상당 부분이 서울 중심으로 돌아가고 있기 때문이지. 실제로 문화, 의료, 교육 등 사회 기반 시설이 대부분 수도권에 밀집돼 있는 게 사실이니까.

〈2016년 전국 문화기반시설 총람〉(문화체육관광부)을 보면 미술관과 박물관 등 문화 시설의 36.4퍼센트가 수도권에 집중돼 있다고 나와 있어. 2015년 문예연감(한국문화예술위원회)에서 발표한 〈2014년 지역별·분야별 예술 문화 활동 현황〉을 보면 서울 1만 9846건, 부산 2162건, 충남 423건, 제주 358건으로 서울 쏠림 현상이 심하지. 의료 분야도 마찬가지야. 2016년 보건복지부 의료 질 평가에서 최고 등급인 1-가 등급을 받은 일곱 곳 모두 수도권 병원인 반면, 광주·전북·전남 지역은 병원의 70.9퍼센트가 최하위 등급을 받거나 등급 제외 판정을 받았어. 이렇게 보면 서울의 '인구 포화 현상'도 이상하지 않은 일이지.

'어디 사느냐'보다는 '어떻게 사느냐'에 초점을

이쯤 되면 사는 곳이 삶의 질을 결정하는 요소가 되지 않도록 하는 사회적 노력도 필요하겠지. 또 지역에 살다 왔다고 해서 상대를 무시하는 등의 문화도 없어져야 할 거야. 서울과 비교하면 지역에 여러 시설을 비롯해 환경적으로 취약한 점이 있을 수 있지만 지역만이 가진 개성 있는 문화들도 분명히 있거든.

마치 서울에 산다는 이유로 더 대우를 받아야 하고 서울이 아닌 지역에 살면 무시당해도 된다는 시각도 조금씩 바뀌었으면 좋겠다. 지역에서 온 친구를 볼 때 "촌스러운 것 같다."고 지레 짐작해서 평가하지 말고, 그 친구와 잘 사귀어 보고 그 친구만의 장점이 뭔지를 발견해 봤으면 좋겠어. 이를테면 "민준이는 거제에 살았던 친구라 그런지 섬에 대한 정보를 많이 알더라. 우리 나중에 민준이랑 거제로 여행 한번 가 보자."라고 말이지.

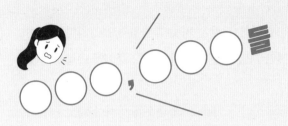

엄마, 성아 큰언니 결혼한대.
근데 집안 어른들이 엄청 반대하고 있대.

어머, 왜?

성아네 어른들로 다 경상도 출신인데
사윗감 집안은 모두 전라도라고
싫어하신대.

그러고 보니, 기억난다.
전에 성아 할머니
뵌 적이 있거든.

전라도 사람들은 뒤통수를
잘 친다면서 말끝 마다
'통수' '통수' 하시더라고......

휙~

언어로 살펴보는 편 가르기 지역 문화

결혼 문제로 속을 끓이는 성아네 큰언니의 사연이야. 실제로 성아의 큰언니처럼 결혼을 준비할 때 상대 배우자 될 사람, 또는 그 부모의 출신 지역을 두고 큰 갈등이 벌어지는 경우도 꽤 있다고 해. 결혼은 사랑하는 두 사람이 가정을 이루는 거고, 그 둘만 진심으로 사랑하면 되는 일인데, 집안 어른들이 이렇게 과도하게 개입을 한다니 말이 안 되는 일이지. 게다가 상대방을 평가하는 잣대 중 하나가 "어느 지역 출신이냐?"라는 것도 참 이상하지. 결혼을 비롯한 가족 문화가 예전에 비해 많이 바뀌긴 했다지만 아직도 우리나라에서 결혼을 두 개인들만의 일이 아닌 양쪽 가정 전체의 결합으로 보는 인식이 남아 있어서 그런 것 같아.

일단 결혼은 그렇다고 치자. "어디 어디 출신은 이러이러해서 안 돼."라는 지역에 대한 편견은 일상 곳곳에 자리를 잡고 있어. 편견을 넘어 특정 지역에 대해 비하하는 발언을 하는 사람들도 참 많지. 예를 들어, '홍어'는 '냄새나는 생선회를 먹는다.'는 의미로 전라도 사람들을 모욕적으로 지칭하는 말이야. '뒤통수, 통수' 등도 '전라도 사람들은 처음에는 살갑게 굴다가 결정적 순간에 뒤통수를 친다.'라는 뜻을 담은 말이고.

전라도 사람들을 '홍어'라고 비하하는 것처럼 경상도 사람들을 음식으로 비하하는 표현도 있어. '과메기'라는 말이 그렇지. 충청도 사람들 특유의 느긋하고 여유로운 기질이나 말투에 '멍청하다.'라는 평가를 덧씌워서 만든 단어 '멍청도'도 있어. 그리고 강원도 사람들이 촌에서 감자만 먹고산다는 뜻을 담은 비하 단어 '감자국' '감자바우' 등도 있지.

한 사람의 정체성을 결정짓는 '출신지'

땅덩어리도 작은 나라에서 왜 편 가르기를 하며 서로 비난하는 걸까? 저런 혐오 단어들이 나오게 된 건 우리 사회에 깊이 스며 있는 '지역감정' 때문이야. 지역감정이란 쉽게 말해 특정한 지역에 살고 있다는 이유만으로 그곳 출신 사람들에게 갖는, 좋지 않은 생각이나 편견, 선입관을 뜻해. 지역감정이 어디서부터 시작됐는지에 대해서는 학자마다 견해가 조금씩 달라. 다만 우리나라의 경우, 1960~1970년대 정치인들이 국민들에게 지역감정을 유발했다는 건 잘 알려져 있는 사실이지.

여러분에게 선거권이 있다면 어떤 기준으로 투표를 할 것 같아? 후보자의 인품과 도덕성? 후보자가 내민 공약? 그 둘 다? 그래, 이런 항목들을 고루 살펴보고 신중하게 투표하는 게 맞겠지. 그런데 사람들 중에는 '전라도 사람이라서' 또는 '경상도 사람이라서' 특정 후보를 지지하고 그에게 한 표를 행사하는 이들이 참 많아. 과거 정치인들이 당선을 목표로 특정 지역을 비하하는 발언을 하거나, 우호적인 지역만 옹호하는 식으로 지역감정을 부추긴 일이 많았거든.

전통 사회에서 개인은 자기가 속한 집단에 대한 큰 귀속감을 가졌어. 좁게는 가족과 친족 등 혈연 집단부터, 넓은 범주에서 같은 지방 사람들을 포함하는 지연 집단에 이르기까지 애착 관계가 매우 깊었지. 이런 애착과 귀속감이 부모 세대들에게는 자기 정체성이기도 했어. 내 지역과 내 지역 사람들은 곧 '나 자신과 같다.'라고 생각했던 거지. 문제는 이런 자기 정체성이 지나치게 강할 때, 자기가 속하지 않은 집단에 대한 배타심과 편견이 커질 수 있다는 거야. 그런데 정치인들은 투표권자들로부터 표를 많이 얻어 내기 위해 이런 감정을 극단적으로 부추겼지.

우리나라 선거에서는 특정 후보의 됨됨이나 정책보다는 그의 출신 지역이 더 중요하다는 말까지 나올 정도로 지역감정이 심했고, 실제로 선거에 큰 영향을 끼쳤던 것 또한 사실이야. 후보자의 도덕성이나 정책은 뒷전이고, 출신 지역만으로 그를 지지하겠다는 태도가 과연 민주주의 발전에 도움이 될까? 그래서 지역감정을 두고 "우리나라를 후퇴하게 한 망국적인 고질병이다."라고 비판하는 사람들도 있어.

지역이 문제가 아니다

시대가 변하면서 학연·지연·출신 등에 따라 사람을 차별하고, 비하하는 문화가 사라지는 것처럼 보이는 시기도 있었어. 그런데 인터넷 문화가 급속하게 발전하면서 지역감정과 언어폭력은 예전보다 더 심각해지는 것 같기도 해. 기존의 비하 발언뿐 아니라 온라인 세계에서는 더 집요하게 특정 지역을 비하하는 단어들이 날마다 새로이 등장하고 있거든.

지역감정에서 비롯된 혐오 발언 등이 선거철에 극심하게 등장하면서 지난 2017년에는 '지역감정 조장 발언 처벌법'(공직선거법 개정안)이 통과, 의결되기도 했어. 선거 과정에서 지역감정을 조장하는 발언을 하는 경우 처벌하는 내용을 담고 있지. 잠깐 그 내용을 들여다보자.

제110조(후보자 등의 비방금지) ① 누구든지 선거운동을 위하여 후보자(후보자가 되고자 하는 자를 포함한다. 이하 이 조에서 같다), 후보자의 배우자 또는 직계존비속이나 형제자매의 출생지·가족관계·신분·직업·경력 등·재산·행위·소속단체, 특정인 또는 특정단체로부터의 지지여부 등에 관하여 허위의 사실을 공표할 수 없으며, 공연히 사실을 적시하여 사생활을 비방할 수 없다. 다만, 진실한 사실로서 공공의 이익에 관한 때에는 그러하지 아니하다.

② 누구든지 선거운동을 위하여 정당, 후보자, 후보자의 배우자 또는 직계존비속이나 형제자매와 관련하여 **특정 지역·지역인** 또는 성별을 공연히 **비하·모욕하여서는 아니 된다.**

[전문개정 2015. 12. 24.]

혹시 부모님이나 주변 어른들 중에 같은 지역 출신이라서 특정 후보를 지지한다고 하는 분들이 있다면 그게 왜 문제인지를 차근차근 논리적으로 설명해 드리면 어떨까? 내가 나고 자란 곳에 대한 적당한 자부심, 애향심도 물론 필요하겠지만, "내 고향 사람이 아니면 손가락질을 받아야 한다."거나 "내 고향 사람이 아니면 투표를 해 줄 수 없다."라는 건 매우 낡아빠진 생각 아닐까?

○○○ 출신으로 대기업 입사

학벌만이 최고의 스펙일까?

만화 속 이야기는 취업 준비를 하고 있는 20대 후반 청년들의 사연이야. 요즘 청년들 얘기를 들어 보면 취업 시 학벌에 따른 회사의 차별이 꽤 심하다고 해. 학벌이 좋지 않다는 이유로 면접 기회조차 얻지 못하는 경우도 많거든. 실제로 2019년 방송사 KBS가 전국 성인 남녀 1000명을 대상으로 설문 조사를 한 바에 따르면 우리 사회 차별 중 가장 심한 차별로 '학력 및 학벌 차별'(33퍼센트)이 1위로 손꼽혔어.

이야기 속 주인공처럼 굳이 가지 않아도 되는데 취업 등을 이유로 비싼 돈 들여 대학원에 가는 사람들도 있어. 이를 비꼬아서 '학벌 세탁'이라며 비난하는 사람들도 있지. 학벌이 출신 학교의 사회적 지위나 등급을 뜻하는 말이라는 건 이미 앞에서 이야기한 거, 기억하지? 기업들이 사람을 채용하는 과정에서 지원자가 대학을 졸업했는지, 했다면 어떤 대학인지 등을 중요하게 여기는 이유는 대체 뭘까?

기업 입장에서 볼 때, 이름이 잘 알려진 대학에 입학한 사람들이 상대적으로 '더 능력 있는 사람들'로 보기 때문일 거야. 우리 사회에서 대학에 진학하려면 주어진 평가 기준을 충족시키기 위해 치열하게 경쟁해야 한다는 건 누구나 아는 사실이지? 힘든 경쟁을 뚫고 대학에 간 사람들은 그만큼 열심히 노력했을 것이고, 또 그 노력에 대해서도 인정을 해 주는 게 맞겠지. 다만, 출신 대학이 한 사람의 능력을 평가하는 절대적인 기준이 되어 버리거나 이 기준으로 사람을 차별 대우하는 건 문제가 있다고 할 수 있어.

직원을 뽑을 때 지원자가 그가 일할 분야와 관련한 공부를 깊이 있게 해 왔다거나 이전에 그 분야에서 일한 경험이 있다면 당연히 채용 담당자 눈에 좋게 보일 거야. 그런데 우리나라 채용 문화에서는 이것보다 학벌 스펙이 채용에 훨씬 더 큰 영향을 끼쳐 왔어. 불합리한 채용 문화 탓에 대학 서열화 현상, 즉 전국 대학을 입학 성적순으로 줄을 세우는 현상은 더욱 심해졌지. 서열상 '앞서 있는' 대학에 입학해야만 취업을 할 때도 불리해지지 않기 때문이야. 기업 역시 특정 분야의 경험을 쌓은 사람을 뽑기보단 무조건 이름난 대학 졸업자이기 때문에 뽑는 문화에 익숙해져 버렸기 때문이겠지.

이렇게 채용 과정에서 학벌에 따른 차별 문제가 사회적으로 문제가 되면서 정부는 이에 대한 대책으로 '블라인드 채용' '지역인재 할당제'라는 걸 내놓았어.

차별의 문화를 바꿔 가는 과정

블라인드 채용이란, '못 보는, 보이지 않는'이라는 뜻의 영어 블라인드(Blind)와 '사람을 골라서 사용함'이라는 뜻의 채용(採用)을 합친 말이야. 신입 직원을 채용할 때 학력, 경력, 자격증, 어학 점수, 해외 활동 등 이른바 스펙이라고 불리는 요소를 보지 않고 그 사람의 인성, 업무와의 적합성 등을 고려해 채용하는 것을 뜻해. 입사 지원서에 신체 조건이나 학력 등을 아예 기재하지 않는 등 선입견이나 차별 요소를 배제하는 거지. 지역인재 할당제는 공공기관 신규 채용 인원의 35퍼센트 이상을 지방대학 학생 혹은 졸업생으로 채용하도록 한 제도야.

이런 제도가 생기면서 학벌주의에 따른 사회적 차별 문화를 깰 수 있는 문화가 생길 것으로 기대하는 사람들도 많아. 물론 인성, 업무와의 적합성 등을 평가할 때 나름의 객관적 기준이 정해져 있어야 이 제도의 취지가 빛바래지 않겠지. 이런 제도들이 잘 자리를 잡아 간다면 능력이 있는데도 지방대 출신이라고 차별받는 일은 줄어들 거야.

물론 채용 과정에서의 차별이 사라진다고 학벌에 대한 차별 자체가 근본적으로 사라지는 건 아닐 거야. 대학 입학 후

학생들이 지역균형선발전형으로 들어온 친구들에게 "지균충이잖아."라고 부르는 것처럼 지방대를 졸업한 직원들을 향해 "블라인드 채용 덕에 뽑힌 로또 당첨자네!"라고 비하하는 식의 문화가 나오지 않았으면 좋겠어.

사실 우리나라 기업 중에는 차별 문화가 만연한 기업들이 적지 않거든. 규모가 있는 기업 중엔 공채(공개채용)로 뽑힌 직원이 아니면 '사채'라고 부르며 하대하는 곳도 있다고 해. 또한 정규직이 아닌 계약직 직원들에게 보이지 않는 차별을 하는 곳들도 있고. 채용 문화, 더 나아가 기업 문화까지 변하려면 아직 갈 길이 멀 거야. 물론 우리가 평소 쓰는 언어 표현들도 하나하나 고쳐 나가야겠지. '지방대 출신으로 대기업 입사'가 아니라 '뛰어난 능력을 인정받아 입사'라는 식으로 말이야.

학벌과 사는 환경에 대한 편견의 말들

이런 말은 아파요!

사람들이 별로라고 말하는 대학과 동네, 건물에 산다고 하면 왠지 그 사람도 별로일 것 같다고 생각한 적 있어? 졸업한 학교, 사는 동네와 집은 그 사람의 일부일 뿐이야.

"10분만 더 공부하면 아내의 얼굴이 바뀐다."
"10분만 더 공부하면 남편의 직업이 바뀐다."

⇨ 한 문구업체가 학용품에 적었다가 비판을 받은 문구야. '10분만 더 공부하면' 사회적, 정치적, 경제적으로 더 나은 지위를 확보하는 상위권 학교에 진학할 수 있다는 편견을 머릿속에 주입하는 느낌이 들지.

"사투리 쓰는 촌년이 출세했네."

⇨ 이 말에는 지역에 대한 차별뿐 아니라 여성에 대한 차별도 포함돼 있어. 지역마다 쓰는 언어가 조금씩 다를 수 있는 건데 나와 조금 다른 말을 쓴다고 낮춰 보면 안 되겠지.

일상에 흩어진 '먼지 차별'을 골라내는 언어 감수성 훈련

"글로 쓰는 것도 아니고 말로 잘 풀면 되지, 뭐 그리 공을 들여. 어차피 말은 공중에 흩어지면 그만인걸. 편하게 좀 해."

"강의 준비를 하느라 바쁘네요. 글 쓰는 것만큼 신경 쓸 게 많아요."라는 내 말에 한 지인이 해 준 충고야. 그땐 '듣고 보니 그것도 말이 되긴 하네.'라며 넘겼는데 지금은 생각이 달라졌어. 그의 생각처럼 말은 공중에 흩어지기 때문에 이 사람, 저 사람 입을 통해 여기저기 정말 멀리까지 갈 수 있거든. 활자화된 글은 그걸 선택해 읽으려고 한 사람들 중심으로 전해질 수 있지만 말은 그걸 굳이 들으려 하지 않은 사람들에게까지 닿을 수 있지.

전파력이 강하다는 게 말의 장점이기도 하지만 한번 내뱉고 나면 그것이 어떤 사람들에게 어떻게 전해지는지 모르기 때문에 말을 할 때는 더 신중해져야 해. 특히 요즘 같은 초고속 통신 시대에는 별생각 없이 한마디 내뱉은 말이 각종 SNS를 통해 기록되어 여기저기 급속도로 퍼져 나가기도 하니까.

이 책은 그렇게 우리도 모르는 새 듣게 되는 일상의 말 중에서도 비하나 차별이 담긴 표현들을 들여다보고, 그것을 왜 한 번쯤 생각해 봐야 하는 지, 고친다면 어떻게 고치면 좋을지 등을 함께 생각해 본 여정이었어. 돌이켜보면 이 책을 쓰면서 내 일상은 많이 피곤해졌어. '내가 한 말들에 이상한 표현은 없었나?' '아까 그 친구가 썼던 그 표현 뭔가 거슬리던데?' 등 하루를 마무리할 때마다 그날의 언어를 복기하느라 바빴거든. 일종의 '언어 감수성 키우기 훈련'이라도 한 느낌이야.

이 훈련 덕분에 우리 사는 세상을, 이 세상에 사는 이웃을, 나 자신의 면면을 좀 더 자세히 살펴보는 눈이 생긴 것 같아. 피곤하지만, 동시에 매우 즐겁고 유익한 시간을 선사해 줬어. 자, 이

여정을 함께한 여러분과 마지막으로 퀴즈 하나 풀어 볼까?

직장에 다니는 동성애자 이 아무개 씨는 얼마 전, 다른 회사에 면접을 보러 갔다가 기분 나쁜 경험을 하고 돌아왔어. 면접관은 그를 향해 대뜸 이런 질문을 했지.

"인기 많아 보이는데 남자친구 있어요? 있다면, 결혼 계획은?"

한편 패럴림픽에서 우승한 강 아무개 씨는 자신과 관련한 뉴스를 보고 속상한 적이 있었어. 우승한 그를 향해 한 기자가 감격에 찬 목소리로 이런 축하 인사를 건넸거든.

"장애를 딛고 성공한 우리 선수, 정말 대단해요! 박수를 보냅니다!"

이 두 사람의 마음이 불편했던 이유는  뭐였을까? 같이 생각해 보자. 첫 번째 사례의 경우, 업무와 관계없는 사생활에 대한 질문을 받은 거니 당연히 불편할 수 있었겠지. 특히 이 아무개 씨는 면접을 위해 처음 만난 사람들 앞에서 이런 질문을 받았으니 많이 당황했을 거야. 게다가 "남자친구 있어요?"라는 질문은 모든 사람이 이성애자일 거라는 전제가 깔려 있는 질문이지. 이 씨 입장에선 더욱 불편했을 수 있어.

두 번째 사례에서, 기자는 선수에게 축하 인사로 한 말일 텐데 왜 기분이 나빴을까? '장애를 딛고'라는 표현 때문이 아니었을까 싶어. '장애를 딛고' '장애를 극복하고' 등의 표현에는 장애인이 비장애인보다 능력이 떨어질 거라는 시선이 담겨 있으니까.

'기분 나쁘라고 한 말도 아닌데……'

맞아. 두 이야기를 접한 이들 중엔 이런 반응을 보이는 이들도 분명히 있을 거야. 별다른 악의가 없었고, 때론 칭찬과 격려로 한 말일 수도 있는데 상대방이 왜 정색하고 기분 나빠하는지 이해가 잘 안 갈 수도 있어. 하지만 상대 입장에서 생각할 때 선을 넘는 말, 기분 나쁜 말, 상처가 되는 말이었다면 고치는 게 좋겠지.

해외 인권단체들은 이렇게 일상생활에서 벌어지는 미묘한 차별을 '마이크로어그레션(Microaggression)'이라고 이름 붙였어. '아주 작은(Micro)'과 '공격(Aggression)'의 합성어로, 말 그대로 미세하지만 공격성을 띠고 있는 차별 언어나 행동을 뜻하지. 우리 말로는 '먼지 차별'이라고 표현하기도 해. 먼지처럼 잘 보이지 않게 여기저기 흩어져 있지만 유해한 말과 행동 정도로 생각하면 되겠다.

두리번   두리번

성별, 나이, 인종, 성 정체성, 장애 등 소수자에 대한 차별 발언을 비롯해 "학교는?" "학번은?" 등의 질문도 먼지 차별에 해당할 수 있어. 위의 사례처럼 어떤 의도를 갖고 한

말이나 행동이 아니라도 그 언행의 대상이 불편함, 모욕감 등을 느끼면 '먼지 차별'이라고 볼 수 있지.

뭐 그렇게 예민하냐고? 먼지를 생각해 봐. 눈에 보이지 않기 때문에 지나치기 쉽지만 먼지는 우리 몸에 매우 해롭지. 눈에 잘 안 보인다고 치우지 않다 보면 어느새 큰 덩어리가 되어 버리기도 하고. '먼지 차별'에 해당하는 말이나 행동들도 마찬가지라고 봐. 그 말과 행동을 한 사람 입장에서 사소한 것이더라도 그걸 받아들인 입장에서 조금이라도 불편함이 느껴졌다면 결코 사소한 것으로 여겨선 안 되겠지.

사소하다고 생각해서 편하게 말하고, 편하게 행동하다 보면 그게 왜 문제인지 둔감해지게 마련이야. 그러다 보면 더 많은 사람이 그 말을 쓰게 될 거고. '남들도 쓰는 말이니 그냥 편하게 쓰는 거지, 뭐.'라면서 말이지. 그렇게 습관적으로 쓰게 된

말 그리고 하게 된 행동들이 누군가를 구분 짓고, 소외시키고, 낙인을 찍고, 그에게 상처를 주는 계기가 될 수도 있어. 우리가 '별거 아닌 것' '사소한 것'으로 불리는 언어 표현이나 행동에 대해 공부를 해야 하는 이유가 여기 있지.

흔히 '예민하다.'라고 하면 부정적인 표현처럼 들리지? 누군가 예민한 사람이라고 하면 "굳이 까칠해지지 않아도 되는 일에 까칠하다." "그냥 넘어가도 될 것에 자꾸 태클을 건다."라는 식의 이미지로 그를 바라보기 쉬운 게 사실이야. 하지만 예민함의 사전적 의미를 보면 '뭔가를 느끼는 능력이나 분석하고 판단하는 능력이 빠르고 뛰어나다.' '자극에 대한 반응이나 감각이 지나치게 날카롭다.' 등의 뜻도 있어.

이 책을 계기로 많은 사람이 예민한 언어 감수성을 길렀으면 좋겠어. 나 아닌 다른 사람 입장에서 '예민하게' 반응하는 태도 말이지. 이 책이 다른 사람을 향한 언어와 행동을 더욱 예민하고, 섬세하게, 날카롭게 살펴보고 다듬어 보는 훈련서 역할을 하면 기쁠 것 같아. 잠들기 전, 내가 누군가에게 뿌린 먼지 발언과 먼지 행동은 없었는지 복기하며 하루를 마무리하는 일상을 보낼 수 있길 바랄게.

2019년 가을
김청연

차례 페이지에 숨어 있던 차별어들은 다음과 같아.

1장
급 식 충 / 다 문 화 / 틀 딱 / 짭 새 / 주 인 아 줌 마

2장
결 손 가 정 / 벙 어 리 장 갑 / 흑 형 / 절 름 발 이

3장
사 내 놈 / 여 자 / 금 메 달 감 /
김 여 사 , 솥 뚜 껑 / 막 내

4장
임 거 / 지 잡 대 / 촌 뜨 기 /
멍 청 도 , 과 메 기 / 지 방 대

책을 읽으면서
이미 잘 찾아냈으리라 생각해.

이것 말고도 차별어가 하나둘 귀에
들리고, 눈에 보이기 시작한다고?
그래, 일상에 숨은 차별어 찾기를
계속해 보자!